| 职业教育名校长思想与实践丛书 |

# 温润的智慧
## 上海市材料工程学校办学的实践与反思

Warm Wisdom
Practice and Reflection of Shanghai Material Engineering School

金 怡 ◎ 著

华东师范大学出版社
·上海·

图书在版编目(CIP)数据

温润的智慧:上海市材料工程学校办学的实践与反思/金怡著.—上海:华东师范大学出版社,2023
(职业教育名校长思想与实践丛书)
ISBN 978-7-5760-4222-1

Ⅰ.①温… Ⅱ.①金… Ⅲ.①上海市材料工程学校-办学经验 Ⅳ.①G639.285.1

中国国家版本馆 CIP 数据核字(2023)第 196509 号

## 温润的智慧:
### 上海市材料工程学校办学的实践与反思

著　　者　金　怡
责任编辑　李　琴　蒋梦婷
特约审读　许　菁
责任校对　刘伟敏
装帧设计　俞　越

出版发行　华东师范大学出版社
社　　址　上海市中山北路 3663 号　邮编 200062
网　　址　www.ecnupress.com.cn
电　　话　021-60821666　行政传真 021-62572105
客服电话　021-62865537　门市(邮购)电话 021-62869887
地　　址　上海市中山北路 3663 号华东师范大学校内先锋路口
网　　店　http://hdsdcbs.tmall.com

印 刷 者　上海邦达彩色包装印务有限公司
开　　本　787 毫米×1092 毫米　1/16
印　　张　11.25
字　　数　188 千字
版　　次　2023 年 11 月第 1 版
印　　次　2023 年 11 月第 1 次
书　　号　ISBN 978-7-5760-4222-1
定　　价　35.00 元

出 版 人　王　焰

(如发现本版图书有印订质量问题,请寄回本社客服中心调换或电话 021-62865537 联系)

# 推荐序

石伟平

金怡是上海市职教圈的知名人物,不仅仅是因为她知性、大方、美丽,更因为她精明、能干、务实。在上海市材料工程学校躬身耕耘了三十多年,从"年轻的女校长"到"知名的金书记",金怡在上海职教圈书写了属于她自己的故事。难得的缘分,我和金怡结下了师徒情谊,也在十多年的交往中对金怡的办学故事有了比较深刻的了解。最近听闻金怡整理了她三十年的从教、管理心得,结集成书,并即将出版,深感欣慰。有幸成为第一稿的读者,接到书稿后便被其中的故事吸引了。可以说,这一本书不仅仅是金怡办学思想的总结,更是她个人成长的实践性智慧。

正如叶澜教授所言,教育学是"具有人的生命气息"和"实践泥土芳香"的学科。[①] 在实践中化育生命,在实践中成就学生,这是教育工作者、教育实践者最重要的使命。金怡用三十年的实践,用一位老师的博爱、一位校长的智慧,成功地践行了党和国家"立德树人"的根本任务,也成功打造并治理好了材料工程学校的文化品牌。最难能可贵的是,金怡不仅是一个实干家,更是一个善于学习、善于批判和善于反思的教育人。在三十年的中职学校教学和管理中,她经过不断地探索,寻得了一条温润智慧的学校治理之道。读完她这本有温度、有情感、有画面感的作品,我看到了一个学校管理者个人成长的心路、学校变革的辛路和院校治理的新路。

**一是个人成长的心路让人感动**。在德国人的文化中,职业是上帝赋予的天职,因此,一个人选择某一个职业,其实是内心的信仰和深处的情感决定的。从金怡的成长来看,她自幼便有成为教师的梦想,"情不知所起,一往而情深"。而后的

---

① 叶澜."生命·实践"教育学派——在回归与突破中生成[J].教育学报,2013,9(05):3—23.

三十年因为自己的热爱、执着,因为自己的不懈努力,从一个青年教师走向年轻的校长,不断积累自己教学、管理的实践智慧。又从一个新手校长,不断琢磨学校治理的思路与方法,攻克学校发展的难题,让自己的办学经验逐渐涵养成实践智慧。如今,在书记的岗位上,把学校从一个台阶推向另一个台阶,从一个高度走向另一个更高的高度。可以说,金怡的三十年教学与管理成长史,是一段有温度、有故事、有智慧的心路历程。这种坚持、执着,严谨、认真,足以让每一个职教人莫名感动。

**二是学校变革的辛路让人敬佩。**学校变革不仅是教育内部力量的推动,更是社会力量、政治力量、经济力量等多元因素推动的结果。[①] 正如迈克·富兰(Michael Fullan)所言:"变革是一次走向未知目的地的旅行,变革的过程不仅复杂,而且充斥着无数的未知,乃至种种意外……"[②] 材料工程学校在金怡的带领下,从一所行业学校转型发展成现在的品牌学校,经历了生源困境、资源困境、制度困境和文化困境,在自身困境不断、外部格局变化的时代浪潮中,金怡能够在复杂的局势中,抽丝剥茧,删繁化简,破解学校发展的一个个困局。经过塑风立校、规范治校和文化兴校的三步走战略,走出了辛勤治校的发展道路,这种韧性和智慧,值得所有职教人由衷敬佩。

**三是院校治理的新路让人称赞。**俗话说,"教无定法",其实,院校治理也没有定法。在复杂变幻的时代局势中、在上上下下千条万线中,不变的唯有变化,因此,权变式的领导和管理才是应对院校治理的不二法门。金怡在材料工程学校发展的不同阶段,采用不同的治校理念与方法,从学校管理、专业建设、课程建设、教师管理、学生管理和校企合作方面大胆改革,致力发展、追求和谐、不畏艰难,形成了和谐共生的领导之道、刚柔并济的管理之道和温暖协心的激励之道,经过多年的沉淀积累,形成了具有材料工程学校自身特色的学校观、课程观、教材观、学生观、教师观与质量观,以温润的态度、智慧的引领,建构了院校治理的新路模式,这种大胆创新、自主探索的精神值得称赞。

---

① Desimone L. How can comprehensive school reform models be successfully implemented? [J]. Review of educational research, 2002, 72(3):433 - 479.

② 迈克·富兰. 变革的力量——透视教育改革[M]. 中央教育科学研究所,加拿大多伦多国际学院,译. 北京:教育科学出版社,2000:83.

纸上得来终觉浅,绝知此事要躬行。金怡用三十年的实践,不断践行党和国家的教育方针,不断探索科学管理的治校之道,不断发展教书育人的新时代新故事。不仅如此,金怡还是一位忠实的反思性实践者,在三十年的实践中,不断总结、不断反思、不断批判,在实践中探索出了属于她自己的教育心得、教育故事与教育思想。这些思想成了金怡的成功之道,也是材料工程学校的成功之道。材料工程学校有金怡,金怡有材料工程学校,两者相互支撑,就有了上海职教圈的金怡和中职学校排行榜上的上海市材料工程学校。正可谓相得益彰,相形得益!

金怡是一位成功的校长,她的治学思想也是成功的实践经验。我相信,金怡还会一如既往地优秀、严谨、认真,把温润的智慧在材料工程学校、在上海市职教圈焕发更大的光芒。不过,上海需要更多的金怡,中国也需要更多的金怡,期待这样的实践智慧能够越来越多,为中国职业教育的改革与发展,贡献更大的力量!

石伟平

2021 年 7 月 15 日

# 目录

导言 ·1·

第一章 探源：温润智慧办学思想的奠基 ·11·
  第一节 从求学到就业：温润智慧教育思想的萌芽 ·11·
    一、萌发教师梦：求学之路埋下梦想火种 ·12·
    二、巧合中就业：与职业教育结下不解之缘 ·14·
    三、初入职场：学生点燃我的工作热情 ·15·
  第二节 从教师到校长：温润智慧教育思想的生根 ·18·
    一、工作中学习：明天要和昨天不一样 ·18·
    二、走上管理岗位：大家好，才是真的好 ·19·
    三、初任校长：重视工作、生活与待人 ·20·
  第三节 从初任到胜任：温润智慧教育思想的成长 ·22·
    一、参加校长培训：再看思想领导的重要性 ·22·
    二、校长角色塑造"新我"：生成职教智慧 ·25·
    三、做校长十六年：总结深化办学思想 ·27·

第二章 厚基：温润智慧办学思想之塑风立校 ·33·
  第一节 塑风立校的初步探索 ·33·
    一、冰点时期的临危受命 ·33·
    二、破冰：招生"一号工程" ·34·
    三、托底：学生安全红线 ·37·

## 第二节　塑风立校的深入实践　　　　　　　　　　·39·
一、"自尊、理性、超越、和谐"的校风　　　　　　　·40·
二、"正己、爱生、乐教、奉献"的教风　　　　　　　·42·
三、"明礼、守纪、勤奋、自强"的学风　　　　　　　·46·

## 第三节　塑风立校卓有成效　　　　　　　　　　　·51·
一、以办学质量求发展，实现办学规模新高度　　　　·52·
二、以教科研求突破，打造师资队伍高水平　　　　　·52·
三、以校企合作求特色，形成专业建设新局面　　　　·53·
四、以改革创新为动力，全面提升学校管理　　　　　·54·
五、以追求卓越为目标，实现学校可持续发展　　　　·55·

# 第三章　提质：温润智慧办学思想之规范治校　　　·58·

## 第一节　规范治校的改革设计　　　　　　　　　·58·
一、改革背景：乘时代之风，立学校之范　　　　　　·58·
二、目标规划：管理有序、保障有力、决策有据、推广有效　·59·
三、方案设计：目标在规划中落地　　　　　　　　　·60·

## 第二节　规范治校的改革措施　　　　　　　　　·62·
一、教学管理　　　　　　　　　　　　　　　　　　·62·
二、专业建设　　　　　　　　　　　　　　　　　　·70·
三、教师管理　　　　　　　　　　　　　　　　　　·74·
四、学生管理　　　　　　　　　　　　　　　　　　·78·
五、校企合作　　　　　　　　　　　　　　　　　　·81·

## 第三节　规范治校的改革成效　　　　　　　　　·84·
一、学校层面的成就　　　　　　　　　　　　　　　·84·
二、教师发展的成就　　　　　　　　　　　　　　　·87·
三、学生成长的成就　　　　　　　　　　　　　　　·90·

## 第四章　培优：温润智慧办学思想之文化兴校　·95·
### 第一节　木铎起而千里应　·95·
一、文化风帆找准发展定向　·97·
二、三大保障护航文化建设　·99·
三、氛围营造实现润物无声　·101·

### 第二节　人文成化民胥效　·103·
一、学校领导的引领决策　·103·
二、教职员工的支撑传承　·104·
三、学生的主体意识　·105·

### 第三节　文之为德也大矣　·108·
一、物质文化溢于表　·109·
二、制度文化隐于秩　·110·
三、精神文化藏于理　·110·
四、行为文化显于为　·112·

### 第四节　蕴乎"慧竹"启新程　·113·
一、"慧竹"文化之内涵　·114·
二、"慧竹"文化之建设路径　·118·

## 第五章　回望：温润智慧办学思想的框架体系　·121·
### 第一节　温润智慧办学思想的价值观念　·122·
一、办学思想和理念　·122·
二、办学思想的理论依据　·122·
三、办学理念的特色　·123·
四、办学思想的核心价值观　·125·

### 第二节　温润智慧办学思想的结构维度　·127·
一、学校管理思想　·127·
二、专业建设思想　·128·
三、课程建设思想　·129·
四、教师管理思想　·130·

五、学生管理思想　　·133·

　　六、校企合作思想　　·134·

第三节　温润智慧办学思想的外部特征　　·136·

　　一、大胆改革　　·136·

　　二、致力发展　　·137·

　　三、追求和谐　　·138·

　　四、不畏艰难　　·138·

第六章　展望：温润智慧办学思想的改革方向　　·141·

第一节　经验反思：改革成功的心得体会　　·141·

　　一、温润智慧之基石——和谐共生的领导之道　　·141·

　　二、温润智慧之灵魂——刚柔并济的管理之道　　·144·

　　三、温润智慧之动力——温暖协心的鼓舞之道　　·150·

第二节　问题反思：办学实践的教训与困惑　　·153·

　　一、产业升级的背景下，学校特色专业如何继承优势和创新提升

　　　　·153·

　　二、中职生大量升学的背景下，学生的文化素养如何培养　　·155·

　　三、全力建设上海市中职优质培育学校的背景下，学校未来的

　　　　发展该如何定位　　·156·

第三节　未来展望：温润智慧办学思想的改进与推广　　·159·

　　一、抓住机遇，与时俱进调整办学思路　　·159·

　　二、内涵发展，面向问题优化实施方案　　·160·

　　三、文化引领，不忘初心坚持改革发展　　·161·

参考文献　　·163·

后　记　　·168·

# 导言

　　本书是对我长期从教治教经验进行的一次集中性总结,其中既包括我个人职业生涯发展的回忆,也包括学校改革实践资料的整理,还包括基于个人成长历程和学校办学实践形成的理论反思,最终形成的温润智慧办学思想是三者碰撞融合产生的结果,凝结了上海市材料工程学校和我过去三十余年的职教改革探索心血。

## 一、成书主旨

　　一是将自己在上海市材料工程学校办学过程中的心得体会进行理论化的提升,为学校进一步发展提供理论反思。首先,在学校发展中,校长的办学思想影响校长的教育方式和行事特质,校长的不同教育方式以及独特的行事风格会对办学产生不同的影响。一方面,校长必须在符合社会发展需要的办学方向上形成办学思想,将教育教学理念与社会发展新需要相结合,制定符合学校实际发展情况的办学理念;另一方面,校长需要基于对教育的理解、判断和价值认知,在教育自觉、信念尊崇和心灵感召中形成个性化办学理想的表达。其次,校长需要将自己的办学思想转化为学校的教育行动,校长除了要有自己的思想、核心价值观和信念,还要善于将这些思想与信念转化为行动和办学实践,用行动来推进学校变革和创新。这考验着校长的统筹规划能力,如果没有好的统筹规划能力,就会导致办学行动的理念无法得到贯彻,势必会对学校发展造成消极的影响。当然,教育行动不仅仅是校长的事,学校的教师、学生以及学校上级行政部门都是重要的影响因素,需要协调并团结各方力量,更好地推动办学计划的落实。最后,在这十六年的工作任职期间,我也在不断去回顾学校在办学方式上所做的决定,在每一次的实践中去不断发现问题,也在不断地去思考,更好地完善办学方式。撰写这本著作的目的是回顾工作期间的任职经历,总结自己办学方式中的理论意蕴以及在执行过程中所存在的经验教训,希望能够为未来的办学工作提供指导。

二是对自己的人生成长历程进行一次回顾和反省。人的一生很长,但有时也很短。自己已经在教育岗位任职三十来年了,过去一直在专心致力于如何在实践中提升教育教学质量,却没有在理论上进行比较集中的反思。借助本书的形成过程,我也是在对自己的成长历程进行回顾和反省,包括自己是如何从教师梦的萌发,到机缘巧合进入职业教育领域,如何从一名教师逐步成长为学校管理者的职业生涯,以及在整个人生历程中经历的感动、迷茫、探索、激情、热爱、开拓等生命触动,如何在经验、教训的交织碰撞中从稚嫩走向成熟,进行一次系统的回溯。通过回顾过去到现在,一方面让自己更加清楚地看看自己走过的道路,不忘初心。我从当初的一名大学毕业生有幸成为一名职业学校教师,实现了我的教师梦,在三尺讲台上挥洒青年教师的热情,与莘莘学子培养了浓烈的师生情,这都坚定着我心中的教师梦。在工作中,我不断以"新"来要求自己。在教学任务结束后,我不断总结反思每一个工作细节,是否有需要去改正以及值得继续提升的部分,保证明天和今天要有不一样。再到后面成为一名校长——学校的管理者,更是意识到办学的重要意义。这一路走来,我探索的脚步从未停歇。在这中间有过困惑、有过迷惘,也有过自我否定,但这也恰恰成了我最宝贵的人生经验,不枉经历这么多。另一方面是对自己任职期间的教育教学工作做了一个系统性的梳理,对办学实践的规划以及具体行动进行说明,从不同角度来论述学校发展过程中的影响因素,总结这几年在大家共同努力下学校所取得的成就。在此基础上,根据我自己的认识,为学校未来的发展提出一些针对性建议。如果有一些地方能够引起部分读者的思考,帮助读者更好地在自己人生道路上取得发展,那本书的目的就达到了。

三是将本书当作职业教育发展春天中开出的一朵鲜艳小花,向党的百年华诞献礼。2021年是中国共产党的百年华诞,我作为一名党员,感到非常高兴,并为自己能够参与到党和国家的职业教育事业中感到无比荣幸和光荣。职业教育一直是党和国家非常重视的事业,我很荣幸自己能在职业教育岗位上贡献微小的力量。党的十八大以来,职业教育得到国家前所未有的关注,针对职业教育发展出台了一系列利好政策,职业教育发展真正进入了春天,上海市材料工程学校也在这个春天中得到了阳光、雨露的滋养。这本书,就是我们学校在职业教育发展春天中开出的一朵小花,希望能够不辜负职业教育的春天,能够在春天中绽放自己的鲜艳光彩。希望借此机会，将我和学校的办学经验总结成一本理论性著作，能够作为党的职业教育办学实践体系和理论体系中的一个微小组成部分，为党的百年华诞献礼。

## 二、思想脉络

### （一）温润智慧的理论根源

在人的实践活动中，感性的情感力量与理性的理智力量是两股具有支配性作用的生命力量，它们作为基础力量牵引着人的思维言行，推动着人生发展，塑造着人的生命历程。如何认识和处理人的情感力量与理智力量，是每个人毕生修炼的功课，不仅关系到自己，还影响着他人。对自己而言，自己的情感力量与理智力量是什么状态，直接关系到自己的生命感受、喜好，使自己倾向于站在什么立场、用什么视角、以什么价值尺度来认识和理解人生、社会乃至整个世界，进而促使自己采取什么样的态度和方式来应对人生、社会、世界涌现出来的现象和事物。由此，自己依托情感力量与理智力量而形成的思维言行，就会在一定时期内相对稳定并形成某种模式，不自觉地以这种模式来整合自己所能获取的信息，处理自己的生活、工作、交往等事务，这就影响到自己与周围世界人、事、物的关系。因此，正确认识和把握自己的情感力量与理智力量，引导自己的情感力量和理智力量以一种相互交融、和谐共生的状态存在，为自己的生活、工作、交往等人生事务提供有序、恰当、持久的支持，是从古至今的知识分子都向往并为之努力的目标。如果能够在自身基础上，进一步引导他人也学会驾驭自己的情感力量和理智力量，过好自己的生活，就是化民成俗的君子。这也是古代儒家经典《大学》开篇所言"大学之道，在明明德，在亲民，在止于至善"的内在要求，更是《中庸》里中和之道"喜怒哀乐之未发，谓之中；发而皆中节，谓之和"的直接体现，是"天命之谓性，率性之谓道，修道之谓教"的教育本质规定。

对教育实践者而言，如何认识、把握自己和学生的情感力量与理智力量，是教书育人过程中不可忽视的关键问题。所以，教育实践者必然要不断观察、理解、反思自己和学生，乃至整个社会的人心变化，对其中蕴含着的情感力量与理智力量状态进行识别和判断，据此寻找合适的方法完善情感力量与理智力量的存在状态，引导自己和学生的情感力量与理智力量流向真善美，为自己和学生更加美好的生命姿态提供内在动能,也为教育文明社会提供助力。同时,正如马克思所言,由于"人的本质不是单个人所固有的抽象物,在其现实性上,它是一切社会关系的总和",而"社会生活在本质上是实践的",那么人的情感力量与理智力量变化就不能被看作是单纯的个体特征,还要放在人所处社会实践历史的整体关系中去考察。其中,既受个人的人生成长经历影响,包括自己在与家庭、学校、工作单位以及社会其他场域的互动关系中形成的身心反应机制;也受整个社会的时代变化进程影响,包括所在国家、民族等共同体在历史变迁中遭遇传统与现代、本土与域外、人文与科技等不同社会形态运行模式碰撞融合所形成的集体文化心理结构。这些都是影响人的情感力量与理智力量变化的深层因素。因此,教育实践者不仅要明晰人的情感力量和理智力量的类型、表现、特征,还要能够对更深层的影响因素进行分析和理解,从而为实现引导人的情感力量和理智力量和谐向善的教育理想提供支撑。

在明确了情感力量与理智力量相互作用关系、特征及其原因的基础上,教育实践者就需要思考在教育活动中以何种理念和方式来配置教育资源要素,以组织化、制度化的教育形式引导师生情感力量与理智力量合理流动与互动。为此,不同学校的教育管理者根据其管理思想和管理经验,制定、实施不同的学校管理策略,并将其核心精神赋予到学校文化上,形成以学校文化统领学校发展的学校内部治理体系。那么,学校文化就成为学校治理的灵魂,在显性层面上,以学校文化的内核建构学校的制度体系,尤其是融入学校章程中成为学校办学的基本遵循,为学校的持续发展提供恒久的方向性指引和精神动能;在隐性层面上,凝聚着学校管理者与全校师生的情感力量与理智力量,使师生在学校文化的潜移默化熏陶中建构共同的情感与精神家园。由此,建设合理的学校文化不仅是学校办学的日常工作,更是学校管理者治理学校的核心抓手,文化治校在学校管理中的价值和作用将会越来越显化。

### (二) 温润智慧的文化内核

经过多年的实践、反思与改进,结合学校的历史发展与实际情况,在党和国家职业教育改革的时代浪潮中,提炼出具有个人特色,又符合学校风格的办学思想——"温润的智慧"。温润智慧成为学校的文化内核,其具有特殊的含义。温润是对人情感力量的滋养,这既是温柔、雅致、博爱的为人风格,又体现了培养君子、淑女的教育信念。温润是超越温柔的一种教育境界、情怀与态度。温润是一种教育境界,我们在不断强调温润办学理念的重要性,使之成为学校的灵魂。在对待教学的过程中,通过传播"温润"这样一种理念让学校的师生获得一种情感上的契合,创造更好的办学文化环境来推动师生们的共同发展。温润也是一种教育情怀与态度,学校的教育情怀和态度表现在学校不仅是一个读书学习的地方,还是让学生提升自己的地方。学校必须提供一个平台推动学生形成自己正确的人生观、世界观和价值观,这是学校存在的独特意义。所以,温润既是一种教育目标,也是一种教育方式,润物细无声,在悄然无声中滋养学校师生,让师生在生命感动中得到触动,自发向真善美的生命境界发展。职业教育的目标不仅仅是为了培养学生在今后学习过程中获得技术技能的提升,还要注重学生健全人格的形成与发展。然而,这是悄无声息的,是一个慢慢形成的过程。温润的教育就是让学生在潜移默化中得到更加全面的发展。

智慧是对人理智力量的觉醒启发。智慧是师生之间的自觉、觉他,是对科学精神、理性、节制的启发,是帮助师生打开心胸、视野,从自己的小世界中挣脱,解放思想、摆脱偏见、摆脱个人利益的纠结,让自己感知更加广阔的天地,不再坐井观天,能够站在社会和世界的大局中来认识自己、认识他人,为自己的人生定位,为自己的人生找到意义的坐标,让自己学到知识、技术技能,能够充分融入国家、社会、人民的发展需要中。对于教师来说,智慧是一种角度的转变,是一种甘于奉献的精神,是一种终身学习的态度。作为教师要有转换角度思考的智慧,去思考学生所能接受的方式,能更好地促进学生获取新知识;作为教师要有甘于奉献的精神,教师的奉献不仅仅在于教学的辅导上,更重要的是在于教师是学生道德方面的引领者,以身作则、率先垂范是教师得到学生效法的前提;作为教师要不断反思、终身学习,在工作、学习、生活中都坚持自我反思以及自我提升,在反思中获得更大的发展。对于学生来说,智慧是一种开拓创新的格局,是一种追求真理的勇气,是一种实现自我的追求。作为学生要拥有开拓创新的格局,将自己从自我的小世界中闯出来,不去过多计较自我利益的得失,而是敞开胸怀面向更加广阔的天地,在开拓创新中增强自己的本领;作为学生要有不断追求真理的勇气,在这知识、信息大爆炸的新时代,面对纷繁复杂的知识、信息时要保持客观理智的态度,对待未知或迷惘的问题,不要含糊,而是主动去探索,要去追求真理,要坚守原则;作为学生要坚持实现自我的追求,通过分析自己所存在的优劣势来给自己设立合理的目标,从而不断努力,使得自我价值通过努力得以实现。

温润和智慧需要感性与理性交融,知与行的合一。在温润和智慧的学校文化中,师生的感性与理性得到双重滋养,温润的感性为理性提供生命细腻、周全的弥合作用,师生作为人的生命情感得到尊重和维护,让师生不被异化、不成为单向度的工具人。在教育教学过程中,对师生而言,温润的感性主要影响的方面在于生命、生活以及人格上,感性能增强师生对于学校的归属感以及认同感。智慧的理性为感性提供开阔、体系化的整体架构,使师生作为职业人在技术技能的学习和工作中能够保证学习的效果,引导自己克服懒惰、懈怠等不良习性,坚持学习和练习,在千锤百炼中形成过硬的技术技能。中职教育的引导非常重要,智慧的理性可以使得学生在学习技术技能的时候,保证自己学习成果获得更大的价值实现,在为人民服务、为经济社会发展做贡献的过程中,实现职业发展,实现社会和个人价值的共同增值。

### (三)温润智慧的办学风格

温润智慧融入学校办学的方方面面,形成了完整的办学体系。以智慧领导、规划、决策、激励为核心,在具体工作中以温润风格为驱动,从办学目标、办学过程与办学成效各个方面践行党的政策方针和学校的办学理念。从办学目标来看,中职教育的办学目标必须要符合我国教育发展的总目标,培养现代社会所需要的技术技能人才,在此基础上,温润智慧的人才培养目标表现为能够满足现代社会发展需要的,自由、自觉发挥自己感性力量和理智力量的技术技能人才。在办学过程中,坚持马克思列宁主义、毛泽东思想、邓小平理论、"三个代表"重要思想、科学发展观,特别是习近平新时代中国特色社会主义思想的指导,坚定不移以温润智慧贯彻学校的办学目标,以显性的办学资源、教学设施、师资队伍作为支撑,以隐性的校园文化、人文情怀、生命感动做熏陶,让学校师生在感性与理性的双重滋养中不断加深感情、增强本领,向善发展。在办学成效上,通过联合学校管理部门、教师与学生的多方努力共同取得成就,温润智慧的教育成效不体现在分数上,而是真正融入学校师生的生命里,让学校师生真正受用,在情感力量和理智力量的触动下体验到生命的活力、创造的乐趣、服务的价值。

在结构上,温润智慧的办学思想是三重维度的高度统一。第一,温润智慧办学思想最重要的生成机理:个人学习与成长经历、学校的文化基因、党和国家教育政策指引、优秀教育与管理思想的启示。从个人学习与成长经历来看,领导者的个人学习与成长经历在很大程度上会影响学校的教学理念以及工作安排,在办学过程中,要不断安排教育工作者以及行政工作者进行思想学习,提高思想觉悟。从文化基因来看,文化基因对温润智慧办学思想起着关键作用,文化构建是一个漫长过程,悄无声息但又具有巨大影响力。好的学校文化能形成强大的组织凝聚力。从党和国家教育政策来看,温润智慧办学思想必须要紧跟国家的教育发展方向,近年来,我国加大对技术技能人才培养,在这时刻要抓住时机,借助政策红利鼓励学生发展。从优秀教育与管理思想的启示来看,好的办学思想不能停留在口头上,必须要能够在实践中整合力量,一所优秀的学校必须是由多方合力共同推动发展,优秀的学校管理者要有统筹全员的能力,协调各方力量朝着学校发展目标奋进。第二,温润智慧办学思想最重要的价值理念:塑风立校、规范治校、文化兴校。价值理念的形成是一个过程,从最开始的价值树立到规范治理再到文化弘扬,体现为张弛有度的办学特征。价值树立,为学校的学风、校风、教风提供最基本的范导和遵循,这是要反复宣传和教育才能变成师生心中的律令,因此是由松到紧的过程。规范治理,就是对学校进行制度化、规范化的管理,不能任意妄为,这是一个由潜在规矩到显在规则的过程。文化弘扬,是在价值树立和规范治理基础上,形成一种和谐的校园文化,办学井然有序,师生和美向善、爱校爱学、积极进取,这是由人为到自然的过程。第三,温润智慧办学思想最重要的实践维度:提升产教融合、校企合作、工学结合的水平。职业教育区别于普通教育的类型特征中,最重要的维度之一是职业教育办学始终围绕着专业性实践展开,只有在专业性实践中,技术技能人才的所学才能逐渐转化为具体可操作的实际应用能力。同时,技术技能人才是直接参与经济社会运行、发展的人才类型,其角色定位在依靠人性力量和技术技能力量改造世界,如果技术技能人才所学所会不能满足经济社会运行、发展所需,不能有效推动世界改善,他们的价值就不能得到充分实现。因此,职业教育必须要注重联系实践,使技术技能人才在实践中出真知,在实践中发挥作用。这就需要职业学校加强与社会、产业、企业的合作,建立和优化职业界与教育界、技术技能与文化知识素养、学习与应用的良性互动关系,不断提升产教融合、校企合作、工学结合的水平,使师生在专业性实践、参与社会改造中不断得到能力发展和价值实现。

在特征上,温润智慧办学思想是时代特征、个性特征与组织特征的有机融合。

温润智慧办学思想经过多年的发展与积淀,最终稳定成型,形成了典型的外在特征。一是与时俱进,崇尚改革。所有事物都不能保持一成不变,温润智慧的办学思想,也要随着时代发展的需要,指导学校管理体系以及教育教学的随机应变。在新兴技术发展的背景下,中职教育也要对人才培养、专业设置、课程教学进行改革,培养复合型技术技能人才。二是追求卓越,致力发展。追求教育教学高质量发展,不能故步自封,不能只看重眼前利益,在办学过程中要不断提升学校的师资水平,要关注学生的可持续发展,以真正的高质量办学树立学校的口碑、品牌。三是同舟共济,民主治理。学校所有的发展不能全靠一个人的力量,不能搞一言堂、官僚化,学校管理者和教师、学生应同舟共济,大家共谋学校的发展,在民主治理下共同出力推动学校的改革。

### （四）温润智慧的育人生态

充分尊重中职生的心理结构、认知方式、学习基础、能力倾向、需求差异等个性特征,激发中职学生的学习积极性,在顺应和激发中职学生的内在发展动机与潜能基础上,调动中职学生的学习动力来构建中职"活力课堂",使学生、教师、教材、教法在"活力课堂"中相互碰撞、融合、发展,将死气沉沉的"水课"课堂变成生机盎然的"金课"课堂,让中职学生学有兴趣、学有乐趣、学有成效。中职生有独特的心理结构、认知方式、学习基础,能力各不相同,每个中职生的内在需求也不尽相同,因此,教师应该格外重视,尽可能了解每个中职生之间的差异,了解他们每个人的特性,尊重他们之间的差异。在教育教学过程中,教师要注重因材施教,对待不同类型的学生要采取不同的教学手段。同时,丰富中职生的课余生活,建设充满趣味性、运动性的社团或者比赛,促进中职生的全面发展。在这些教育教学过程和活动中,教师要主动去了解学生的需求,了解他们需要的东西,用有效的教育教学方式培养学生健全的人格,引导他们向好发展。从微观角度讲,教师们在课堂上,要主动关心中职生最关注的事情,深入挖掘每个学生的潜能,以兴趣与潜能的激发来充分调动学生们学习的积极性,还课堂于学生,让学生成为课堂的主体,教师成为课堂的引导者,引导学生学习教材、熟悉教材、增加师生互动环节,改变传统的以教师为主体,照本宣科的刻板式课堂,让中职生在有趣的课堂中学到知识,让学生、教师、教材和教法在课堂上活起来,碰撞出耀眼的火花,让每一节课都变成极具价值的"金课"。

同时,既要维护中职生的生命完整性、人格完满性、情感丰沛性,做好德育、心理教育、文化素养等,又要为他们以后从事专业分工劳动,参与社会分工合作提供技术技能训练。一是在日常生活中,学校要关注学生们的身心发展。学校通过组织开展各式各样的活动来丰富学生们的课余生活;同时设立心理咨询站并开展心理健康教育活动,更有效、更直接地保护中职生们的身心健康,促进学生的身心和谐发展。二是在学习活动中,学校应该加强与相关企业的合作,让学生们能够学有所用,不仅仅是学习教材、书本上的知识,还要能够将知识、技术技能投入到社会建设中,为自己的生计、家庭的生活、社会的发展贡献力量。当然,学校也不能急功近利,只考虑学生的短期就业,还要从学生整个人生的角度,为其提供生涯发展保障,要让学生养成现代公民素养、学习习惯、技术技能基本思维,为学生的长远发展奠定基础。毕竟中职学生年龄不大,成长空间还很大,中职学校还是要想办法为其创造继续深造的机会。

此外,在人才培养目标、课程体系内容、考试评价方式等方面,一是重新理解完满职业人的培养目标。职业人的完满不是指文化知识、技术技能的全知全能,而是指生命情感、人格心理、精神状态的健康、成熟、完善。在专业技术技能上,不论是朝着广博还是精深拓展,在现代社会分工体系中都有生存空间。二是在课程体系中引入滋养学生生命情感、人格心理、精神状态,安顿其心灵、范导其人生的职业生涯课程,同时加强校企合作、产教融合,注重中职生的技术技能思维的养成和经验的积累。三是考试评价方式由知向行倾斜。技术技能具有操作性特征,只有在做的过程中才能表现出来,同时技术技能人才也更擅长具体的经验式行动,而非抽象的概念化思辨。由此,对技术技能人才的考试评价方式不是继续照搬普通教育的知识性考试评价方式,而应该遵循技术技能人才的客观发展规律,结合物联网、大数据、云计算等新兴信息技术形成符合职业教育类型定位的考试评价方式,建立全面的综合评价制度,对学生进行精准的发展性评价,不仅仅是根据他们专业课的成绩而定,也要从身心发展状况以及课外发展状况来进行评价。

## 三、章节关系

本书共分为六个章节,共十九个小节。其分别为探源:温润智慧办学思想的奠基;厚基:温润智慧办学思想之塑风立校;提质:温润智慧办学思想之规范治校;培优:温润智慧办学思想之文化兴校;回望:温润智慧办学思想的框架体系;展望:

温润智慧办学思想的改革方向。

第一章主要为我的自传,回顾我从求职到教师再到管理者这一路的心路历程以及成长史,这是我教育教学、办学思想的埋种和萌芽过程。第二、三、四章是温润智慧办学思想的形成过程,这是我在学校办学实践的不同历史背景下思考如何解决学校发展中遇到的难题,所形成的塑风立校、规范治校、文化兴校三大改革行动,同时也构成了温润智慧办学思想的形成过程。第五章主要是总结三大改革行动形成的温润智慧办学思想在学校办学不同维度的具体体现,共同构成了包括价值观念、结构维度和外部特征的温润智慧办学思想框架体系。第六章是在反思过去温润智慧办学思想指导下的办学经验基础上,为学校未来的改革发展做一些方向性的畅想,以期在不断完善温润智慧办学思想的过程中推动学校更大的发展。

从章节中可以看到,本书内容具有以下特征:一是反映了丰富的办学经验,十六年的校长任职时间承载了丰富的学校办学经历,所形成的温润智慧办学思想具有充分的感性经验和实践基础,是在分析和解决实际工作问题过程中形成的宝贵思想结晶。二是透过历史回顾和案例分析把握办学思想的来龙去脉,通过对我职业生涯的历史回顾和学校办学重要案例的分析,直观展现了温润智慧办学思想并不是纸上谈兵,而是在真实的职业教育改革艰难进程中积累起来的重要行动指南,充满了职业教育一线办学者的实践智慧。三是实现了办学思想与学校办学实际的融会贯通,二者并不是相互脱节的两张皮,而是真正让温润智慧的办学思想融入到了办学过程的各个维度、方方面面,办学过程系统地领悟了温润智慧办学思想的本质内涵,从而使温润智慧真正变成了引领学校发展的灵魂,学校也在温润智慧思想的指引下不断取得历史性成就。

# 第一章
# 探源：温润智慧办学思想的奠基

如何培育出德智体美劳全面发展的社会主义建设者和接班人,是每个学校最核心的任务。而教育思想,作为教育者对教育的本质、规律、宗旨、目标、方法、途径及评价等的基本价值判断,则是贯穿学校人才培育过程的主线。近年来,在学校内涵式、特色化发展过程中,人们越来越清晰地认识到,校长的办学思想对学校明确发展定位、形成特色优势与提升办学成效起着重要的思想引领与实践指导作用。办学思想是让学校教育扎根于大地的力量,没有办学思想,学校的育人工程也很难站住脚跟。《论语》说"本立而道生",校长是学校发展的"领跑人",办学思想是校长治校办学中的"本"。由此,凝练与形成校长办学思想,已成为新时期推动校长领导力提升的重要工作内容。[①] 校长对学校的领导首先是教育思想的领导,然后才是行政的领导。学校的办学思想不是一蹴而就或凭空而来的,它是一种实践智慧,是一种经过长时间实践的考验所凝练出的一种教育精神。自2005年我在上海市材料工程学校担任校长以来,团结班子成员带领全校教职工不断探索和创新,最终提炼出具有个人特色、又符合材料工程学校风格的办学思想——"温润智慧"。本章将探讨形成"温润智慧"办学思想背后的故事。这一办学思想的形成,离不开我的成长历程、角色转变和工作经验,更离不开材料工程学校的办学基础、党和国家教育政策的指引,以及同行前辈对我的影响。

## 第一节 从求学到就业:温润智慧教育思想的萌芽

个体在一生中会不断地扮演社会规定的多种角色,也会经历多个生命事件,也就是所谓的生命历程。我从普通教师走向校长岗位,在多个角色之间进行变

---

① 戴双翔,林倩,高洁.校长办学思想:为何与何谓?[J].教育导刊,2017(03):42—46.

化,同时也在这些变迁中不断进行优势的累积。随着时间的推移,其累积优势更加明显。在这三十多年的工作生涯中,我经历了不同的职务变化,在不同的岗位上深入体会到多个岗位的实际工作情况。在这样的过程中,从"新手型"走向"熟练型"的成长与转变,也让我变得"有经验""有思考""有思想",这些积累和沉淀也是从教育经验升华为教育思想的"必修课"。求学之时所埋下的教师梦想、工作中所积淀的教育经验,这些求学和就业的成长经历,坚定了我从事教育事业的决心,也一步步催生了"温润智慧"教育思想的萌芽。

## 一、萌发教师梦:求学之路埋下梦想火种

教师对学生的职业认知和职业选择有重要影响,相信很多人最初的教师梦也是受到自己老师的影响,我也不例外。我在求学的不同阶段遇到了几位老师,正是在他们潜移默化的影响之下,我萌生了成为一名人民教师的想法,我始终坚定不移,一步步朝着这个理想迈进。

初中时,我转学进入南昌中学学习,遇见了班主任任雪雯老师,一颗当老师的种子渐渐在我心中萌芽。任老师教学作风严谨,对每个学生都非常严格。她一视同仁地对待每位学生,提醒我们一定要丢弃马虎和粗心,并及时纠正自己错误的行为方式。"小洞不补,大洞吃苦"是她常挂在嘴边的一句话,这句话时刻环绕在我们耳边。那个时候我们不理解她,觉得她很"凶",然而现在回想起来,注重细节这个好习惯我竟是从那时慢慢养成的,这八个字也一直刻在了我的心里。在平时,任老师像一位慈母,始终关爱着我们。她没有孩子,就把学生当作自己的孩子,对每一位学生了如指掌,时时牵挂并"点穴"到位。她不仅关注成绩好的学生,还特别关心成绩靠后的学生,并常常对这些后进生说:"只要你们自己不放弃自己,老师肯定不会放弃你们。"正是在任老师的耳濡目染之下,我萌发了"将来当任老师这样的老师"的教师梦。

高考后,我选择就读政治法律类专业,之所以选择这个专业,源于高三政治老师对我的鼓励与肯定。她经常表扬我的逻辑分析能力较强,也提到我可以在这方面有一些更好的发展和拓展。政治老师的这份肯定,让我有了在这一领域深度探索的自信和好奇。最终,我成功进入上海师范大学政治法律专业,成为一名光荣的师范生。而这也证明,老师需要发掘学生身上的闪光点,往往这种不经意间的表扬,真的会影响学生的专业选择和职业发展。后来,在我的教师

生涯中,我也继续发挥了这样的教师精神,不放弃每个学生,发现每个学生的闪光点。

除了我求学过程中遇到的老师对我从事教师工作有影响外,父母对我的职业发展也有重要影响。我出生在一个知识分子家庭,爸爸是园林工程师,妈妈是中医医生。爸爸大学毕业后被分配到浙江工作,一直到我高中时才调回上海,因此,很长一段时间里,妈妈是家里的顶梁柱。记得那时候,妈妈是医院的业务骨干,白天有普通门诊和肝病门诊工作,晚上还要经常参加政治学习并值班。尽管工作忙碌,但妈妈并没有减少对家庭的关爱,她坚韧、能干、乐观,以极大的付出和辛劳,让我衣食无忧,并在学业和为人处世方面严格要求我,对我的健康成长带来深刻的影响。妈妈因为医生这一特殊职业,见惯了病痛和生死,因此,妈妈十分希望我能成为一名人民教师,从小她就对我说:"你要不要考虑去当老师,这样你的学生永远都是年轻的,永远都充满了活力。"再加上妈妈对我性格和行为处世的了解,觉得我非常适合走教师这条路。这都为我以后的职业选择和教师生涯奠定了一定的基础。

1986年,为了吸纳更多、更优秀的高中毕业生报考师范院校,在时任上海市副市长谢丽娟的直接领导下,上海的高考特设了高中毕业生报考师范院校的专场,这是当时全国唯一一个特设招收师范生的高考专场。参加这次高考的高中毕业生都非常热爱教师这个神圣的职业,我也在这个机遇下,当即报考了政治法律专业,从此走上了教师的职业生涯道路,圆了我从小以来的教师梦。

那份对教育事业的热爱、坚持和激情至今都未曾褪去,我想这就是我一直以来所坚持的教育理想。教师一定要有教育理想和职业理想,才能真正热爱教育事业。有的人可能刚刚踏入工作领域,在工作的过程中才会慢慢建立起来职业理想;有的人可能觉得这个工作不适合他,重新找到了另一个职业理想。而我的教师梦与教育理想,在我成长阶段就逐步生根发芽,并且一直从未改变过。我从小萌生的教师梦一直支持、激励着我,这种教育理想也引导着我,让我在教育的道路上奋勇向前。朱永新在《我的教育理想》中这样写道:"教育是神圣而崇高的,教育是育人的事业……教育需要激情,需要全身心的投入与无私的奉献;教育需要诗意,需要洋溢着浪漫主义的情怀;教育需要机智,需要把握每一个转瞬即逝的机遇;教育需要活力,需要以年轻的心跳昂奋地工作;教育需要恒心,需要毫不懈怠的追求与探索。激情、诗意、机智、活力、恒心的源头活水是理想"。我从小萌生的教师梦一直坚持到现在,我仍然会继续在教育的工作岗位上前行。我想,正是不管走多远都不忘初心的信念,使我在每次人生路口的抉择中都毅然决然地选择了教育事业。

## 二、巧合中就业:与职业教育结下不解之缘

四年的师范生学习生活让我的教师梦更加坚定,我也从"萌生教师梦"的念头转变为"成为一名人民教师"的坚定信念。同时,在大学的四年磨炼中,我受到了专业教学训练,教学基本理论和教学技能得到了极大的提升,这也让我心中的教师梦有了更有力的铠甲。当时,师范生毕业后大多会被分配到户口所在地教育局管辖的学校。因此,临近毕业时,我早就做好了回卢湾区工作的准备,父母甚至帮我在离家仅有一条马路之隔的卢湾中学找到了工作,就等着我毕业后入职。可是一系列的"巧合"让我和卢湾中学擦肩而过,反而让我和当时的上海市建筑材料学校(现上海市材料工程学校)结下了不解之缘,在这不解之缘中我走进了职业教育。

第一个巧合是当时的就业背景。1990年,一些大学、中专等教育单位招聘毕业生的方式是通过班主任推荐,被推荐的毕业生以学生干部居多,能被推荐给用人单位对毕业生来说是一种极大的荣誉。临近毕业,班主任将我推荐到徐汇区的一所中专时,虽然我对这所学校的情况一无所知,但心里非常高兴。

第二个巧合来自校方。或许是工科类中专的缘故,建材学校男教工的比例远远高于女教工,当时的人事科长选拔政治法律系毕业的师范生时,更倾向于选拔女生,因此我"战胜"了班主任同时推荐的另一名男同学,拿到了去上海市建筑材料学校的报到证。1990年7月,在酷暑难耐的夏日,我怀揣报到证,费尽周折才找到位于徐汇区西南边缘长桥南街88号的学校。那时学校的周围是一片农田,学校通向外界的路只有沿河的一条小道和长桥小街,交通很不便捷,距离学校最近的是111路和56路公交车,坐这两路车到终点站后还要步行二十多分钟才能到学校。有时碰上下雨天,走路那准是一身泥,因此,鞋套成了常备的步行工具。那时每个教工最担心的是赶不上校车,因为如果第一节课有课,赶不上校车就意味着迟到,这种情况真是让人焦头烂额。再加上那时通信联系不方便,出租车又很稀缺,我和老师们都有跑步追赶校车的经历。直到罗秀路开通后,这样艰苦的上

班交通状况才逐渐得到缓解。

就在这两个巧合之中,我来到了材料工程学校,与职业教育彼此相逢。在这之前,我接触的都是普通教育。来到材料工程学校后,职业学校的学生和工作环境对我来说是新的开始、新的起点,同时也是新的挑战。我经常感慨,人生有很多机缘巧合,在这些机缘巧合之中又有了人生的重大转折。如果没有班主任的推荐,如果不是建材类中专学校更偏向选拔女生,我应该会在普通中学里当一名政治老师。正是这一系列的巧合,让我走进了材料学校,走进了职业教育。

### 三、初入职场：学生点燃我的工作热情

刚进入职场的日子让我终生难忘,它是我职业人生的第一课。原先我以为教师只需要教好书就行了,进入职场才发现,教师工作远比我想象的复杂。除了完成基本的教学任务外,教师还需要处理好与学生、家长、同事、上级等的关系。面对这些,我只能积极思考,不断积累经验,在工作当中慢慢成长,逐步走入正轨。虽然当时的工作环境很艰苦,每天花在上、下班路上的时间很长,人觉得很累,但我从未动摇过自己的教师梦。

我很庆幸,在我初入职场时遇到了促我进步、帮我成长的学生与同事。在这里要特别感谢我的学生,因为他们点燃了我的工作热情。我任教的第一批学生是高中后中专8931、8951和9031这三个班级的学生,我每周上6节政治课,虽不多,压力却不小。这些高中后中专生只比我小三四岁,他们对学习充满渴望,同时又比较有个性。如果老师上课仅仅照本宣读又回答不出他们的即兴提问,估计会被他们轰出教室。面对这种情况,我只有在备课上下功夫。当时可供备课参考的资料很有限,图书馆成了我常去的地方。即便资料来源的途径单一,但每次上课前我都做大量的准备工作,努力把相关知识链接到课堂上,以提高同学们的学习热情。此外,我经常向老教师请教,努力寻找每一个教学细节的处理方法并进行反复演练。这些让我这个初来乍到的小老师在摸索和感悟中不断前进,教学基本功逐渐扎实,我撰写的《怎样让政治课活起来》这一教学论文还获得了学校的好评。正是这点点滴滴积累起来的教学经验,慢慢生成了"温润智慧"的教育思想。

## 案例延伸

我现在印象还很深刻,记得第一次上政治课时,有个学生突然对我说:"老师,我可不可以不做作业?"我当时蒙了,但是又觉得我必须自己先冷静下来,不能生气,要分析清楚这个学生为什么说这个话。我就问这个学生两个问题:"你为什么不想做作业?""是因为我是新老师才不想做作业还是以前也不做作业?"后来这个学生说,是因为之前的政治老师比较"凶",非常有威严,他不敢不做。但后来看到我是新教师,又没教学经验,脾气又比较好,所以才提出不想做作业的要求。我听了这话并没有马上生气,反而是非常冷静地说:"那这样,你先做你觉得有意义的作业,如果你觉得我布置的作业没意义或者很无聊,那你就和我商量。"所以,从那以后,这个学生每次课后都会和我交流。在这个交流过程中,我真正了解到学生的所思所想,我也会经常思考,我布置的作业是否能真正促进学生学习。在沟通与互动的过程中,他们也确实在倒逼着我去学习。因为我毕竟刚大学毕业,专业知识和专业储备并没有那么扎实,教学的过程其实也是一个自我提升的过程。

和同学们的沟通与互动,也对我后来的工作有所启发——不管是上级、同事,或者学生,一定要学会沟通。在沟通的过程中,善于倾听不同的意见。这种善于沟通和倾听的能力对于做领导来说是一个很重要的要求。另一个就是,学会接受别人的观点。学会接受学生不同的想法,学会接受同事的观点等。这些经历确实对我后来的管理理念和办学理念都有一定影响。

后来我当9011班的班主任,因为年龄和班上同学相差不大,我与学生们打成一片,被他们视为"知心大姐姐"。我也尽我自己的一切力量,在学习中教育他们,严格要求他们,在生活中关心他们,努力帮助他们。这群孩子也十分积极上进。他们在学习以及各类文体活动中的优异表现,让我欣慰不已。在我生日时,他们在教室里突然为我送上鲜花并唱起生日祝福歌,这一场景令我至今难忘。当时处于惊喜中的我,看着三十多张纯真的笑脸,感受到了满满当当的幸福,觉得自己的辛苦付出得到了学生的认可。我很庆幸,幸好我坚定不移地选择了当一名教师,幸好我在机缘巧合之中走进了材料工程学校,我热爱这份职业!

从学校走向工作世界,从学生走向教师,是一个巨大的转变,在这种转变中我也在慢慢成长和成熟。因为是中职学校,学生的管理难度较大,我也在教学初期遇到了些调皮的孩子。当然,遇到这些教学问题时,我首先是冷静下来分析问题,了解清楚学生为什么会出现这样的问题,和学生进行深入沟通。而且在和学生沟通的过程中,一定要了解学生的心理特点,以朋友的身份了解他们的所思所想,并有针对性地寻找解决措施,这样学生也容易接受我们教师的建议。其实,和学生的相处过程也对我后来的工作经历有很大的启发。不管是领导、同事还是学生,一定要学会沟通,在不断沟通的过程中,学会倾听不同的意见,尤其是在和学生的沟通过程中,学生有的观点讲得也是很有道理的,那我也要接受。在这种不断的探讨中,自己的教学知识得到了丰富,这也是一个教学相长的过程。感谢我的学生,他们的求知若渴和懂事真诚"逼"着我不断学习、不断积累、不断提高。

学者李政涛曾说:"如果世界上真的有缘,教育者与受教育者构成的师生之缘,可能是人生最重要的缘。"①当教师与学生相互促进彼此生命的成长,那就是教学相长。教师通过他的教,用知识召唤学生踏上教育目标预设的生命的生长之路,这不是一条平坦的大道,而是一条崎岖陡峭的山路,教师召唤学生一起去攀登。山顶的高度,山路的漫长,过程中的艰险,对尚处在未成熟状态、懵懂无知的学生而言,是一个极大的挑战,他必须对此作出自己的应答,采取相应的行动。我和学生的相处过程就是教学相长的过程,或许职业学校的学生在社会上会受到很多争议,但我一直坚持相信职校的学生"人人都能出彩",他们在我眼中永远都是最可爱的人。我不会放弃任何一个孩子,每个孩子身上都有着闪光点,也许他们自己没有发现。这个时候,就需要我们老师有双善于发现的眼睛,并用合适的方式告诉孩子,指引学生发现自我,认识自我。

办好一所学校,校长要从习惯于管人管事的传统思维中走出来,代之以充分的尊重、信任、发现、服务、关爱,激发和调动师生,乐于和每位教师做知心朋友,把每一位学生当作自己的孩子。一所学校无处不流露着爱心,无时不关注着师生需求,教育才具有亲和力和感召力。没有爱就没有教育,爱是教育的最高境界。校长要热爱教育和学校,这是起码的职业态度。我也很幸运,我对教育的热情从未衰减过,一直都热爱着教育,热爱着学校,热爱着师生。

---

① 李政涛.教育常识[M].上海:华东师范大学出版社,2016:155.

## 第二节　从教师到校长：温润智慧教育思想的生根

校长的个人成长离不开自身的教育情怀和坚定信念,可以说,对教育的执着追求是推动校长不断实现学校变革的不竭动力。[①] 校长的成长是一个主动创新的过程,校长要从自身出发,战胜环境,积极参与办学实践,不断努力创新,在这样的过程中实现成长。从初任教师的懵懂,到工作岗位的熟练,再到职业发展的自我提升,职业生涯中的每一步,都在不断塑造和充实着自己,也让我在教学和管理实践中积累了丰富的办学经验,形成了我独特的管理风格和管理理念。这些经验和理念随着时间的沉淀逐步生根发芽,凝练成"温润智慧"的办学思想,办学思想的成熟与完善也将用来更好地指导实践。

### 一、工作中学习：明天要和昨天不一样

这么多年的教师生涯,是我继续学习、不断充实自己的美好时光。我曾经有一段团委工作经历,那真是一段"激情燃烧的岁月"。如何让学校的文化娱乐生活丰富多彩,怎样策划并开展学生喜爱的活动成为工作的主旋律。面对与如今相比差距甚大的硬件条件和有限的资源,我和同事们积极想办法,让学生乐在其中。学校大礼堂只有空荡荡的舞台而没有座位,我们就组织学生自带凳子;舞台没有幕布,我们就去市场买来布料自己设计并缝制,把舞台布置得像模像样……那时候虽然不强调"创新"这个词,但我也确确实实将"创新理念"融入工作中,每天心里想的是"明天要和昨天不一样"。现在回想当时开展的各种活动,我深深地体会到:人的智慧是无穷的,只要肯动脑、敢于设想并付诸行动,虽然不一定会成功,但不努力一定不会成功。而我自己也从团委工作中得到了历练,提升了综合能力。团委虽然是个小部门,但"麻雀虽小,五脏俱全",需要协调各方关系,这也积累了一定的管理能力。1993年,建材学校和建材技校合并时,我从团委转岗到成教办,从事建材集团内部的干部培训工作,后又在建材党校、建材集团工作过一段时间,这些经历让我增长了见识与才干,扩大了视野。不过从小就有的"教师情结"还是

---

① 李醒东,付云飞.中小学名校长教育思想的生成与凝练——基于扎根理论的视角[J].教育科学研究,2019(08):27—31+38.

让我在 2000 年初回到了学校。回到学校后,我才知道这辈子我注定要和学生打交道,注定要一直在教师领域中发光发亮。

为了进一步提升自己以适应职业教育的发展,2002 年,我决定报考上海师范大学在职教育硕士研究生。教育学、心理学和英语这三门功课的复习让我进入了"临战"状态,在不耽误学校工作、照顾好刚读小学的女儿的情况下,我挤出时间看书、背书。看着复习班里和我差不多年纪的人一个个"临阵脱逃",我告诉自己:只要坚持就有机会,放弃了就什么也没有了。功夫不负有心人,我顺利通过了考试,成为上海师范大学教育管理专业 2003 级在职硕士生,并于 2006 年毕业。女儿常说,她有很多老师,但对她影响最大的还是她的"妈妈老师",因为在我的影响下,她幼小的心灵也播下了当老师的种子,并在长大后考入了华东师范大学,现在已经是一名光荣的学前教育教师。我和我的女儿都觉得作为教师非常幸福,因为我们从事的职业刚好是自己喜欢的职业。正是这份幸福一直让我从做老师的第一天到现在,都充满了热情和激情。

## 二、走上管理岗位:大家好,才是真的好

"大家好,才是真的好",我在走上管理岗位后对此深有体会。这句话让我心中时刻装着集体,心里始终惦念着集体的繁荣和发展。什么是"大家好,才是真的好"? 学生在学校学习,职业能力得到了提升,他们能为自己营造良好的发展空间,这就是好;教师在这里工作感到幸福满意,乐业敬业,这就是好;学校能走出自己的特色发展之路,常盛不衰,这就是好!"覆巢之下,焉有完卵",学校事业的繁荣和发展离不开团队的紧密协作和配合,离不开师生的关爱和支持。"众人拾柴火焰高",是我的团队给了我智慧,给了我力量,才使我们这个团队和集体走上永不停步的发展之路。因此,每当我在工作中遇到问题,我都以维护学校利益、团队利益为宗旨,号召团队共同解决问题。正是在我们的齐心协力之下,2004 年以来,学校先后被评为国家级重点中等职业学校、上海市中小学行为规范示范校、全国模范职工之家、上海市教育系统先进集体、上海市职业指导和就业工作先进集体、上海市成人教育先进集体、上海市安全文明单位等荣誉称号,并连续 22 年荣获上海市文明单位(上海市文明校园)称号,2015 年学校成为首批上海市中等职业学校改革发展特色示范学校。2020 年成为全市排名第二获 A+类的上海优质中职培育学校。

当然，一个团队里，总会充斥着各式各样的声音，我们要正确看待这些声音，因为这些声音是激励团队向前的重要力量。但是，一个团队要想得到长足发展，团队的成员必须要形成共同的愿景目标，并且团队成员一起要朝着共同的目标而奋斗。所以，校长作为校园建设团队的主心骨，要带领团队树立共同的愿景目标，从而共同谋求学校之发展。与此同时，校长还是整个学校师生的精神领袖。

## 三、初任校长：重视工作、生活与待人

2005年，我走上校长的岗位，尽管之前有六年的副校长经历，但是正副职在全局观念、承担责任等方面的差异还是让我无所适从，再加上我是学校历史上第一个担任正职的年轻女校长，从传统的概念出发，我当校长的资历、年龄等方面都无优势可言。当然，这也让我迫切需要丰富学校管理的理论和经验。

初任校长岗位，我必须对当前很多棘手的问题作出判断，这时候学校的战略规划就非常重要。学校战略是关系学校发展方向和目标的规划设计。"不谋万世者，不足谋一时；不谋全局者，不足谋一域。"在风云变幻的时代，战略不仅关系学校的未来，也关系学校当下的发展。上任后，学校取得国家级重点中专后下一步的发展目标要定位，连续几年的招生滑坡要制止，学校的硬件要改造、软件要提升等很多问题摆在我的面前，凭借着对中职教育的满腔热情和当好一名校长的责任和信心，我开始在校长的岗位上摸索前行。在担任校长的前三年，我基本上还是致力于眼前急需要解决的问题，选择做立竿见影的显性工作比较多，如招生，曾被我列为学校的"一号工程"，因为连续几年的招生滑坡给学校的生存带来了危机，不尽快解决，学校的特色、质量、改革都成了空中楼阁。通过全校教职工的共同努力，学校招生滑坡的态势得到制止。2005年以后，学校年均招生数维持在500人左右，2007年达到了700人左右，在校生规模最高达到2500人左右，现在稳定在1300多人。当在校学生规模逐步扩大以后，针对当时中职学生德育教育的现状及其特点，我又提出加强校风建设，强化学生一日行为规范的主要任务，积极开展第二课堂和心理健康教育等活动，校风、教风、学风明显好转，学校因此获得了上海市中职学校首批行为规范示范校的称号。

"有声有色地工作，有滋有味地生活，有情有义地待人"，这是我担任校长职务之后的座右铭。首先，是把工作干得有声有色。工作是历练个人心智、施展自身才干、激发创造力、提高社会适应力的一个主要途径，也只有在工作中，人们才能

认识到自身的价值和本质力量之所在。把工作干得有声有色,才能在工作中找到幸福感。其次,是将日子过得有滋有味。一个人的生活道路从来就不是平坦的,常常布满荆棘和泥泞,我们总会遇到这样或那样的坎坷和挫折,因而,生活滋味也变得百味俱陈。我们在享受生活带来的欢乐时也必须承受生活加予的愁苦。成功往往蕴藏在苦难之后,苦尽才会甘来。所以,无论身处顺境还是逆境,都应该始终以积极的心态去面对生活、热爱生活、改变生活、享受生活。有滋有味地生活,才会品尝出生活的真谛,才会活得更有意义。我作为一名女校长,也非常关注学校师生的形象问题,因为我觉得首先形象的舒适才会带来心情的愉悦,心情的愉悦才会带来工作和学习的高效率。最后,是有情有义地待人。我一直坚信,如何对待他人,他人就会如何对待你。所以,不管是在学习中还是工作中,我都努力善待他人并学会沟通和倾听。这个座右铭,虽然看似是很普通的三句话,却一直陪伴着、指引着我,贯穿于我的工作中。如何体现温柔、雅致、博爱的领导风格,如何体现智慧办学、智慧管理和智慧领导,在这句座右铭中也找到了答案。"温润智慧"思想的要义就在于在办学目标、办学过程和办学成效等方面,以智慧领导、规划、决策、激励为核心,在具体工作中以温润风格为驱动。而"有声有色地工作,有滋有味地生活,有情有义地待人"也融合在"温润智慧"的办学思想之中。

在走上校长岗位后,我也经常反思办学经验,思考如何激发学校的办学活力。我非常看重学校的活力,因为学校活力代表着一所学校的组织健康状态,也直接影响和决定着学校的育人水平。一所充满活力的学校,一定有着积极向上的精神面貌和不断进取、勇于创新的工作作风。学校的活力既包括校长的活力,也包括教师的活力以及学生的活力,它们各自对应的活动内容不同。校长的活力是指校长在履行学校管理任务时的活力状况,教师的活力是指教师在履行教育教学职责时的活力状况,学生的活力是指学生在完成学习和发展任务中的活力状况。三者共同存在于学校组织系统之内。其中,校长的活力是前提,其目的是解放教师和学生的活力;教师的活力是关键,其目的是解放学生的活力;而学生活力的激发和释放才是检验校长与教师活力状态和价值取向的最终标准。①

---

① 石中英.穿越教育概念的丛林[M].北京:教育科学出版社,2019:254.

## 第三节　从初任到胜任:温润智慧教育思想的成长

经历是一种沉淀,拓宽了我的视野;阅历是一笔财富,丰盈了我的思想。从教师身份转向校长身份,从教学岗位走向管理岗位,变的是工作职责,不变的是心中的教育情怀。从初任校长到胜任校长,我积极参加校长培训,只有自我的不断成长才能推动学校的成长。为了办出材料工程学校的特色,我在教学管理、师资队伍等方面做出了变革,一系列的学校改革过程也让"温润智慧"的办学思想得到了进一步成长。

### 一、参加校长培训:再看思想领导的重要性

在成为校长后的三年实践中,我觉得自己很忙,工作的头绪很多,工作的压力也很大。通过三年的实践,我虽然积累了很多感性经验,然而也清楚地知道学校的特色和核心竞争力还没有形成,对于如何继续带领学校再发展,进而创建品牌中职学校,我感觉自己心有余而力不足。因此,参加名校长基地的学习,让我有了一次思想升华、实践提升的机会。2008年9月,我有幸成为上海市名校长培养基地的学员,师从上海市特级校长张云生和上海市教育功臣鲍贤俊两位校长进行学习。导师紧紧围绕职业教育的特点、特色,根据学员的实际情况精心设计了教学、交流、考察的内容,并强调"名校长"不是靠培养出来的,而是在培养过程中对收获的知识和他人的经验有所感悟,并有效地运用于学校的实践中带出一所"名校",自己才有可能逐渐成为一名"名校长"。

基地设计的课程,让我们不仅可以了解政府部门为促进职业教育发展而出台的一系列宏观政策和措施,感受到各级政府对职业教育的关注和重视;也可以捕捉到未来几年上海职业教育发展的动向。校长间的互动学习环节,就是让导师和学员都来介绍自己的办学特色、办学现状、困惑和难点,通过实地调研,每所学校都成了一个教学案例,尽管学校所处的地域不同,所办的专业不同,学校的文化也不同,但是,大家在一起还是很有话说,共鸣强烈,创造了相互切磋、共同提升的和谐气氛。

参加校长培训班,导师给我的教育和影响是巨大的。张云生校长既是一位导师,又是一位智者,他睿智幽默而又充满生活气息。得益于导师的推荐,我潜心阅

读学习了《请给我结果》《从清华园到未名湖》《人性的优点》《用现在竞争未来——南湖办学经验》等书籍，得到了一些体会，还联系学校的实际做了反思。特别是《我怎样当校长》一书，正是导师办学经验和体会的真实写照，可以借鉴的经验很多，读后对我启发很大，同时也让我对导师的文字功底和笔耕不辍的坚韧和执着充满敬佩。

这是我担任校长以来参加的第一次系统的校长班培训和学习，学习的最大收获，就是让我明白了名校长的价值在于办出名校，明白了名校长的特点是"对学校的领导首先是思想领导，其次是行政领导"。这让我的思想理念有了重大转变，了解名校长是站在学校的明天来思考今天，是未来决定现在，用现在竞争将来。我开始反思自己过去三年的校长经历。那三年里，我常常是忙于事务，站在今天思考今天，那最多就是一名任劳任怨的称职校长、合格校长。如果要成为名校长，我就要把材料工程学校办成名校，要办出名校，我就要学会有自己的办学思想，并且以此引领学校的发展。这对我来说是新的境界、新的挑战。古语云："小智者治事，中智者治人，大智者治法，睿智者治文化。"现在做一名睿智型的校长，正在成为我努力追求的目标。

为此，我对学校情况进行了认真的分析研究，认识到实施学校文化建设，是学校管理理念变革的要求，是学校管理制度创新的呼唤，是学校师生健康工作、学习的内在需要。全校积极推进了以师生为中心的学校文化建设，寻找我校特色的亮点和创建品牌学校的突破点，在统一思想过程中形成校本文化，去影响师生的思想和行为，通过办学实践中形成的价值观念和学校精神，促进师生自我实现和发展，从而不断提升学校的内涵，助推名校建设进程。

如果说，校长是一所学校的"灵魂"，那么，校长的办学思想就是"灵魂"中的"灵魂"。苏联著名教育家苏霍姆林斯基曾提到，"我们总是力求做到使学校全体工作人员（从校长到看门工人）都来实现教育思想，使全体人员都全神贯注这些思想"[①]。要把办学思想转化为成果，仅仅靠我个人的力量是不够的。我以前经常思考，作为校长，应该如何调动学校所有管理人员的积极性，提高工作效率，可能更多的是科层管理模式。虽然科层管理模式能在一定程度上提高执行效率，但做决定的总是校长，而其他人，更多时候是被动执行。这使得沟通非常缓慢，在信息

---

① 瓦·阿·苏霍姆林斯基.赵玮等，译.帕夫雷什中学[M].北京:教育科学出版社,2005:21.

由上而下的传递过程中,经常会致使信息衰减甚至变形,以至于让每一个处于这个等级下一级的人,变成一个被指挥者、被管理者。校长要真正发挥其管理作用,不能只靠自己一个人做决定,应该调动学校所有师生的力量。校长的办学思想必须被师生接受并付诸在教育教学活动中,其中两个环节是相当重要的,一个是"执行力",还有一个是"结果论",其背后正是学校师生员工精神文化的体现。我非常重视创设一种和谐的人际关系和工作环境,层级管理中讲究的是问责制和"拷贝不走样",倡导脚踏实地的工作作风,学校上下政令畅通。从结果论方面看,我打破"没有功劳也有苦劳"这种思维定式,力求"出成绩",特别是对一些无法量化的工作,杜绝部分教职员工"不求有功但求无过"的平庸追求,决不使它成为精神文化的主流。众人拾柴火焰高,积极、健康、和谐的学校文化已经成为我校的主流。只要一项工作的指导思想和目标一旦确立,力求做好工作、实现目标的力量就会积聚。学校文化建设有力推动了学校的可持续发展,并成为构建和谐校园的有力保障,取得了可喜的成效。2009年,学校领导班子被评为上海建材集团"四好"班子,学校被评为"全国模范教工之家",我个人也获得了上海市"五一"巾帼奖的荣誉。

我认为,校长需要具备全局意识和整体意识,需要将整体意识渗透到具体工作之中,并密切关注整体层面的基本问题、核心问题,不因各类纷繁的学校工作而丢弃整体,又不因外部整体背景的影响而丢弃自己作为"部分"的独特。这样一来,校长就能在学校管理改革中,通过把握各项工作的共同指向与相互之间的交互作用、动态生成关系,来抓住学校管理中根本性的问题。

创建名校不是一蹴而就的,它一定是注重每一次亮相机会,依托"点"上的成功,逐渐扩大到"面"上的成名。专业优化调整和布局是学校的重点工作,对此,我确立了"围绕市场,依托行业,传承优势,适应变革"的十六字方针,来统一思想,消除教师对专业去留选择的困惑和犹豫,坚持在做强"人无我有"的专业上下功夫,以适应上海经济发展和产业结构调整的需要,同时兼顾学校专业发展的历史沿革和硬件、师资等方面的支撑作用,从而形成重点发展材料(新材料的应用与检测等)和机电(设备安装与维修)等专业群的格局,为学校下一步的发展打好扎实的基础。

职业教育的发展任重道远,每一个从事职业教育的人都要肩负起这份责任。在校长的岗位上并非说只有管理学校的责任,其实一直也在学习的路上,思考和实践永远不会有止境。我作为一名中职校长,重任在肩,要不断学习,勇于探索,为学校的发展竭尽全力,因为我作为校长的价值就在学校。

## 二、校长角色塑造"新我"：生成职教智慧

"社会角色"代表着每个人的社会身份。在社会生活中，人们需要扮演很多不同的社会角色，并且我们自身也会随着社会角色的扮演而发生变化。做校长后，我逐渐形成了自己的特质：豁达、激情、勤奋、踏实。豁达，我心胸开阔，性格开朗，敢于担当，不计得失；激情，我对工作满腔热忱，面对困难决不退缩，竭尽全力攻坚克难；勤奋，我身先士卒，不断进取；踏实，我工作不摆花架子，认真做好每件事。作为校长，我能站在时代发展的前沿，用宽阔的眼界和思路以及宽广的胸襟去考虑问题。

深层次的办学特色一定是办学思想以及蕴含其中的教育思想的特色。学校办学思想特色的形成，往往与学校在发展中面临的现实问题相关，与校长面对这些问题时的价值判断以及解决这些问题时的价值选择和实现路径相关。[①] 在面对一系列问题时，我们要拥有临危不惧的气场，披荆斩棘，在危机过后，我们要居安思危，放宽眼界，尽早筹谋学校未来的发展方向。在初上任的那几年，我带领学校全体师生，通过系列改革，使学校走上了良性发展的道路。在这个过程中，也对我的办学格局和视野有了更大改观。我体悟到："学校要好，要发展，做校长的只有具备大视野，心怀全局，才能站在很高的点上谋划学校的发展，才能引导学校成为强校和特色学校。"其实，要想打造特色学校，非常不容易。在这个过程中，很多人容易把"特点"放大为"特色"，这种思维方式是点状式思维方式，过度地将"特点"放大到"特色"，其实对于学校未来的改革与发展来说是一种阻碍。叶澜教授曾提到，特色是特点的弥漫和渗透，特点如果不弥漫和渗透到学校改革的各个领域，只能是"点"而不是"色"。其实，将特点放大到特色，将局部扩大到整体，是一种点状式分析思维。这种点状式思维方式对学校发展来说是不利的，容易将某些要素逐渐扩大，而忽略了其他要素。而我们校长，要打造学校特色，必须从点状思维走向整体综合式思维。整体综合式思维强调整体的视角，它主张把某一部分始终置于整体的背景框架中进行思考，要求用整体来说明局部。它强调整体内不同要素的综合融通，而非不同要素的积累叠加。另外，除了关注学校整体改革，还应该将学校改革发展与社会大环境融合。学校对于大的社会环境来说是一个小社会，其生长离不开社会的大环境。整体综合式思维强调不应该将学校的教育改革与社会

---

① 项红专.优质教育呼唤办学思想的凝练[J].中国教育学刊,2016(08):36—39+45.

改革割裂开,学校的教育改革不是孤立的,不能仅局限于课堂及学校内,哪怕是细小的改革,也应该放之整个社会背景加以考虑。

在很多时候,我们都提倡校长一定要有核心价值观,这也是学校核心竞争力和学校特色的关键。核心价值观是校长管理理念和办学理念的体现,但光有核心价值观是难以支撑学校长期发展的。那么,如何能让学校长期稳定地发展,以及在困境中如何突破重围,最重要的还是校长思维方式的转变。从点状式思维转向整体综合式思维,其实体现着校长思维方式的转变。或许,不同校长的区别在表面上看是价值取向、管理策略和管理方法的差异,但其实根本上是思维方式的不同。任何学校价值观和价值转化的策略都是校长思考后的产物,是运用思维方式的产物。如果把思维方式界定为"人们思维活动中用以理解、把握和评价客观对象的基本依据和模式",那么,校长以什么样的"基本依据和模式"来思考学校的日常工作和推进学校的变革,就显得至关重要了。加拿大教育改革研究专家迈克尔·富兰认为:"我们需要一张不同的处方,以便抓住问题的核心,或者说达到另一山头。一句话,我们对教育变革需要有一个新的思维方式。"我作为一名女校长,经常在思考,如何办出学校自身的特色,如何发挥自我价值,如何走出一条不一样的路。我想,"温润智慧"的办学思想就是在我一步步的教育改革和教育思考中逐步凝练总结出来的理念。"温润智慧"的办学思想不是一句口号,学校发展不只是提出一个口号那么简单,学校的生存与发展不仅需要管理者的勇气,更需要智慧的引领。再有魅力的理念如果不能付诸实践,那也是镜中花、水中月,只有实践才能为教学质量的提升奠定坚实的基础。学校要牢牢把握实践的主旨,把每一个理念变成实践探索的内容,并不断在实践中提升观念和形成新的理念。所以,我认为"温润智慧"的办学思想是从实践中凝练出来的办学经验,但同时,又希望办学理念也能够继续引领学校的改革与发展,这样才能真正发挥办学思想的作用。

校长角色既代表了校长个人在学校组织中的地位和身份,同时也包含着组织成员的期望以及校长应有的行为方式;既包括对校长应有的行为准则认识,也包括他人对校长的行为期待。[①] 作为一名中职学校的校长,我十分清楚这个岗位的职责和任务。中职学校的发展比中小学更为复杂,需要调动的资源更多、涉及的办学主体更加多元。当然,在教育改革潮流和社会转型背景下,中职学校的发展

---

① 贺小莉,郭景扬编著.名校长角色定位与素质要求[M].上海:学林出版社,2009:22.

环境更加艰巨,我一直坚持"以市场为导向、以改革为动力、以质量求生存、以特色求发展、以规模谋效益"的办学方向,尝试探索多层次、多形式的办学模式和办学特色,必须要在提高办学质量的基础上突出办学特色,不然在众多中职学校中也难以生存。因此,学校在以就业为导向,强化学生实践能力和职业技能的培养,探索"工学结合、校企合作"的人才培养模式上下功夫;制订、完善和实施学校管理的一系列规章制度;合理调整机构设置与人员配置;大力实施全员聘任工作和中层干部竞聘上岗。

终于,在我们团队所有人的努力下,学校在逆境中实现突破和质的飞跃。学校自2006年起实施国家级重点中专品牌学校建设战略,提出要逐步形成"专业、师资、校风、就业、宣传"等品牌,并根据中职学生的特点和中职校的育人任务,打造以校风为主线的学校品牌。经过数年发展,"正己、爱生、乐教、奉献"的教风,"明礼、守纪、勤奋、自强"的学风和"自尊、理性、超越、和谐"的校风已基本形成。我着力倡导"和谐发展的人本精神、互助合作的团队精神",和谐与团结是学校管理很重要的助推力,这也体现在学校文化之中。我校在不断发展与改革中,最终将学校文化凝练成"慧竹文化","慧"即我校特有的"职教智慧",表现为一种自由、和谐、开放和创造的学校氛围。

### 三、做校长十六年:总结深化办学思想

校长的成长是一个累积的过程,要在校长成长的各个阶段累积优势,在校长的资格预备期需要积累扎实的教育教学技能及丰富的岗位实践经验,在校长的角色适应期要为校长提供稳定的发展环境和学习机会,在校长的成熟期要引导校长形成独特的办学思想,并鼓励校长积极改革、创新教育实践。在校长的成长过程中,校长要深度学习、反思,形成成长型思维,在教育实践中用分析的、创造的眼光看教育实践、解决教育实践中的问题。做校长十六年,我的诸多办学思考也随着学校发展在实践中不断得到成长与深化,逐渐形成更加成熟、系统的"温润智慧"办学思想。

#### (一)加强教育教学质量,丰富合作办学主体

**1. 规范管理制度,提高管理质量**

学校教育和学校管理有两个层面:一是制度管理,它以规章制度规范人、约束

人、统一人,这是文本管理,是依靠制度的力量管理。另一层面是学校文化,它用精神和氛围陶冶人、感化人,这是一种人本管理,是依靠心灵的力量管理。校长在学校管理过程中,应该实现学校制度与学校文化的有机统一。教学质量是人才培养质量的核心,也是职业学校办学的核心竞争力。我依据学校已有的办学基础和实际情况,通过探索实施教学质量的全面管理,聚焦课堂,注重内涵,目标管理与过程控制相结合,有力地促进和保证了学校教学质量的不断提高。

俗话说"没有规矩不成方圆",建立系统、完善的规章制度,规范师生的行为才能保证学校各方面工作和活动的开展与落实。但是,学校规章制度建立是否合理科学,以及贯彻执行是否有效果,直接反映了学校的管理水平。制度是人定的、人创造的,要体现教师的工作特点,促进学校管理机制的良性循环,即制度必须能够管理人,制度常常也能塑造人、激励人,使人不自觉地适应制度。基于此,学校制定了一系列的规章制度,以此指导教师的教学行为和学生的学习行为。

我在刚性管理的基础上,同时实行柔性管理。为客观全面评价教职工的工作,学校制定了一整套符合学校特点的《上海市材料工程学校教育质量与绩效工资评价方案》,每学年对教职工进行一次考核,让教职工、学生以及学校各级领导参与对教职工的德、能、勤、绩进行综合评定。每次考评结果出来以后,学校将考评的结果区别对待,对 A 级教职工公开树典型,用他们出色的业绩激励其他的教工;对 C 级教职工,分管领导对其进行谈话,与其交流思想,弄清问题的根源,并帮助寻找解决问题的方法,使这些教工既能认识到存在的不足,明确努力的方向。2010 年以后,事业单位实行绩效工资全覆盖后,在修订完善的基础上学校推行《上海市材料工程学校绩效工资实施方案》。

另外,要学会发挥中层管理的作用。在传统学校管理模式下,中层管理人员可能更多的是定位为上传下达的中介和渠道,在充当"传声筒"的过程中,具体执行学校领导层的决策,完成上层布置的任务。在现代学校管理中,强调校长的角色主要是领导者,而不是管理者。校长的主要职责是方向性的领导,具体的管理事务不是不要做,而是要委托给他人帮着做,最重要的是受委托方,就是中层。如何发挥中层管理人员的潜力,对于学校管理来说是极为关键的。现在很多学校都提倡要变革学校管理模式,走向现代化管理。那么,如何体现学校管理的现代性,在最根本的意义上,其实是体现在教育理念和管理理念的现代性,表现为校长如何把新理念在日常学校领导与管理过程中具体细微地表现出来。

### 2. 关注课程教学改革

学校的变革根本上是课程和教学的变革,学校是通过课程设计来体现学校发展的核心竞争力和特色追求的,而学校课程的有效实施依赖于教学的质量和效益。作为一所中职学校,材料工程学校服务社会经济发展,为区域提供技术技能人才是我们的使命和责任。

坚持以就业为导向,实施课程体系改革,构建"必需与实用"的文化基础课和专业技能课,使理论与实践更好地融为一体,让学生在取得毕业证书的同时,获得多种"职业资格证书"。同时,进一步调整优化专业布局,初步形成与上海城市建设和经济发展相适应的三个专业群,并把建筑与工程材料、建筑装饰、机电设备安装与维修三个专业打造成市级精品专业,带动相关专业群的建设。学校设有材性测试、机电、计算机三大实训中心,依托"上海市建筑与工程材料开放实训中心"的建设,加强材料、装饰等骨干专业教学的实验实训基地建设。

### 3. 丰富合作办学主体

在《黄炎培教育文选》中,黄炎培对职业学校校长资格进行了如下回答:"热诚呀,学力呀,德行呀,经验呀,凡别种学校所需要的,当然缺一不可。还要加上一件,就是社会活动力。"[①]由于职业教育本身的应用性、跨界性,也要求职业学校的校长除了关注学校内的教育教学,还应该在人才培养模式上注重校企合作和工学结合。我在分管学校工作时会偏重校企合作和毕业生就业工作。按照"立足集团,辐射行业"的思路,与贝尔股份有限公司、浦东检测中心、申美商品质量检测有限公司、上海通用汽车有限公司、欣之泉建筑装饰有限公司等200多家企业单位建立长期稳定的合作关系,探索了"定岗跟单、冠名班、现代学徒制、专业工作室"等多种形式的校企合作模式。从企业接收学生就业到安排教师挂职锻炼,企业全程参与学校的专业建设和教育教学改革,并在校内设立了"建筑装饰""多媒体"和"达力"工作室,学校已与企业形成互相依赖、互相支撑、同步发展、校企共赢的局面。

学校还与上海轻工环境保护压力容器监测总站建立节能保温材料检测的联合实验室,共建"产、学、研"一体的合作平台,既满足了职业教育发展的需求,满足

---

① 中华职业教育社编.黄炎培教育文选[M].上海:上海教育出版社,1985.

了企业的用人需求,同时也满足了学生求知、就业的需求,有力地促进了职业学校技术技能型人才的全面培养。近几年,学校毕业生就业率保持在98%以上,其中材料类专业毕业生供不应求。

贯通培养应用型人才是现代职业教育体系的重要内容,长学制一体化的人才培养可以满足社会对复合型人才的需要。为此,学校响应上海职业教育发展政策,探索中高贯通和中本贯通等培养模式。2011年,学校与上海电子信息职业技术学院联合申报并通过《机电一体化技术》专业中高职贯通,成为上海市第二批中高职贯通培养试点学校,同时开创了两个不同中高职贯通合作的先例,在教学管理中积累了大量的试点经验。

另外,在坚持"中职主体"地位的同时,积极发挥联合办学和培训工作的两翼作用。学校建材培训中心被徐汇区劳动保障局评为社会办学诚信免检单位,被国家建材职业技能鉴定指导中心评为先进单位;学校先后与上海城市管理学院、上海经济管理干部学院、上海电子信息职业技术学院、上海师范大学、上海上影影视艺术职业学校等院校进行联合办学,取得了很好的效果,积累了丰富的联合办学经验。

### (二) 以教科研求突破,提升师资队伍整体素质

教育作为一种培养人的社会实践活动,伴随着时代变迁,教育观、知识观、学生观、教学观等都在不断变化中。教师在实践中需要拥有教育智慧和批判反思的能力,而这些能力的前提和核心是教师应具备教育科研素养。教师的工作性质需要他成为一名研究者,将实践经验与理论探索相结合。为了有效促进学校教师的教学素养、提高课堂教学质量,学校坚持"科研兴校"的理念,对学校教科研工作给予了高度的重视和大力支持。

我们在之前了解到,一些教师对于科研的观念比较狭隘,认为根据自己的教学感悟写论文是教科研工作,其实这只是很小的一部分。学校的教科研怎样为学校的发展服务,很重要的一点是学校要根据实际,针对特别难点、瓶颈问题来牵引教科研工作,并在这个过程中锻炼队伍。

教育的真正目的是让人不断提出问题,思考问题,进而解决问题,而问题的解决离不开研究。因此,在我们的教育中也是离不开研究的。近几年,学校在深化课程教学改革、学生德育工作创新等工作领域采取"科研先行"的思路,视问题为课题,组织相关教师参与课题研究,加强理论学习,寻找解决问题的最佳途径,并

坚持"理论联系实际"的作风，通过教育教学工作实践对研究成果进行修正和完善。

我一直秉持"科研引领，兴校兴教"的教育理念，十分重视学校的教科研工作，并以此寻求突破，带动师资队伍整体素质的提高。担任校长初期，经过分析，我把关注点放在了中职教育特色明显的职业指导等领域，并带头进行科研，做好表率，主持了国家级、市级课题项目8项，其中《上海市中职校就业服务的实践研究》《中职校全面开展职业指导教育的实践研究》被上海市职教协会确认为重点资助课题，课题组撰写的《上海市中职校职业指导师资建设的问题及对策》荣获中国职业技术教育学会2010年学术年会专题论坛优秀论文二等奖。《中职德育模块式课程体系的实践研究》等市级课题均取得了良好的科研效果。同时，撰写并发表论文多篇，并连续两年荣获上海市职教协会年度优秀论文一等奖，多次荣获上海市职业指导专业委员会"经管杯"优秀论文一、二、三等奖。

北京十一学校李希贵校长曾经写了一本书——《学生第二》，乍一看书名，读者心中可能会产生怀疑，其实看了这本书的内容就会明白，他说的是，要想使学生得到好的发展，首先要使教师有好的发展，校长不可能面对每位学生，每天直接面对学生的是教师，校长直接面对的也是教师。所以，促进教师专业发展是校长的第一使命。教师队伍建设是学校专业发展的关键，近几年，我着重加大学校师资培养力度，积极推荐教师参加上海市名师培养和国家级师资培训；鼓励和支持教师参加继续教育与培训；组织专业课教师参加岗位技能培训，积极下企业挂职锻炼；对新进教师进行培训，采用"师徒制"模式让老教师进行带教。在我的积极带动和推动下，学校教科研工作取得了极大的成效。在此期间，我校成功申报立项了国家级、省市级课题项目60余项，并积极参与多项校外课题研究项目；编写校本教材50余本，全国出版发行9本；校外获奖及公开发表论文100余篇，其中，国内、外核心期刊20篇、校外获奖30篇。

这一部分我主要分享了自己在担任校长期间所做的一些学校改革，系列的学校改革和办学思想将在本书后几章着重开展论述，本章只是提纲挈领。其实，现在回顾我的办学经历，最大的特色就是敢想敢干和躬行践履。黄炎培曾说："办职业教育，万不可专靠想，专靠说，专靠写，必须切切实实去'做'。"① 首先，校长的实

---

① 中华职业教育社编.黄炎培教育文选[M].上海：上海教育出版社，1985：184.

践品格反映着校长的教育方式和行事特质。实践品格取决于校长对教育的理解、判断和价值认知,源于校长的教育自觉、信念尊崇和心灵感召。其次,行动又体现了校长的实践品行。对于校长工作来说,教育行动是非常核心的能力。校长除了有自己的思想、核心价值观和信念,最重要的还是善于将这些思想与信念转化为行动和办学实践,用行动来推进学校变革和创新。这种教育行动必须发挥校长的专业引领、价值传导和行为示范作用。

　　虽然办学思想的萌芽和发展都离不开我的成长历程,但办学思想也不等同于校长的成长历程。一段段记忆犹新的育人故事,一个个娓娓道来的治校故事,这些宝贵的教学经验和管理经验,正是办学思想萌芽与成长的积淀。但办学思想相比于校长的个人经历来说,更加系统化、理论化。校长的个人经历和办学实践比较碎片化和零散,不是一个成熟和系统的理论体系。而办学思想是从实践中凝练出来的,是在一定经济社会和教育政策指引下,所形成的稳定与成熟的思想体系。"温润智慧"的办学思想是在我的教学和办学经验、党和国家教育政策指引、材料工程学校的办学基础上总结与凝练出来的,是个性特征、时代特征与组织特征的有机融合。

# 第二章
# 厚基：温润智慧办学思想之塑风立校

基础就是根本,根深才可以枝繁叶茂。所有的成功都不是凭空出现的,基础扎实牢固,才可能炉火纯青。如同盖楼房时,地基没有打好,就绝不会盖成高楼大厦。尽管一所学校的建设过程并不等同于楼房建筑,但办学的重要精髓却与之无异,特别是在建设初期,需要尽可能地汲取各类软、硬件资源以强化办学根基。然而,面对学校未来发展一片迷茫、深处资源劣势之时,只有殊死一搏,才可能拨开云雾见月明。几经曲折、奋力拼搏,从塑风立校的初步探索到深入实践,我校最终在上海市中职校的竞争中浴火重生,并初露锋芒。

## 第一节 塑风立校的初步探索

学校的改革发展方向应立足于本校实际情况,针对自身办学问题进行研究。随着上海经济、文化的不断发展,社会对教育供给的要求越来越高,尤其体现在学历要求上。在"高中热"和经费紧张的背景之下,中职学校生源的数量和质量受到了极大挑战。具体到我校的实际发展情况,一方面,在初中毕业生不断减少、高中生源可能相对不变的情况下,中职学校生源可能会急剧减少,这将影响大部分中职学校的正常办学;另一方面,我校作为一所中专学校招收的大部分学生在学习兴趣及学习习惯上多少存在一些问题,甚至部分同学经过多年教育后仍无法纠正过来,这不仅影响了学校的办学质量,而且还影响了部分教师的工作态度。总体说来,招生数量和生源质量成为了我初任校长时面临的两大难题。

### 一、冰点时期的临危受命

但屈指西风几时来,又不道流年暗中偷换。与学生们在一起的日子总是过得飞快,从大学毕业一晃转眼已有十五年。2005年我走上了校长的岗位,尽管我已陪伴学校走过了一段不短的岁月,尽管在此之前我还有六年副校长的管理经验,但在起初面对这一身份转换时我也并非驾轻就熟。其一,正副职在全局观念、承担责任等方面的差异让我感到无所适从;其二,我是学校历史上第一个担任正职的年轻女校长,从传统概念出发,我的资历、年龄等方面都并无优势。可以说,这一年我面临着自己职业生涯中的全新挑战,没有参照标准,没有可借鉴经验,我只能凭借着自己对教育的满腔热情、对孩子们的责任和期盼,开始在校长的岗位上摸索前行。

对于学校来说,在这一年,面对多方的困境,我们必须要作出抉择:第一,中等职业教育的政策环境难以支撑学校发展。在"高中热"和政策资金投入不足的双重挑战下,上海中等职业教育的发展陷入迷茫的境地。在这样不理想的大环境影响下,我们材料工程学校首当其冲的就是学校的招生数量呈现断崖式下跌,同时学校的办学经费也十分紧张;第二,学校的生源素质整体偏低。如果说招生数量影响学校的办学规模,那么生源素质高低带来的影响将会直接体现在学校的办学质量上。由于学校生源素质整体偏低,学生的行为规范也会随之暴露出问题,继而使教师的教学信心受挫,增加管理困难,从而使学校的整体办学质量面临挑战;最后,上海建材集团对下属中职办学的风向不明朗。由于当时学校为上海建材集团主管的企业办学,在中职教育未来发展方向相对不明朗的情况下,企业自身的逐利性使得集团领导不重视非营利的职业教育。加之同期上海的"房地产热",建材集团明确表明,倘若学校的招生仍不到位,那么校区内 50 亩地将会用于开发房地产。这就是学校当时所面临的现实困境,实际上,学校已经处在决定生死存亡的紧要关头,若不立刻采取措施,学校将会面临解散。

正是在这样的情况下,37 岁的我临危受命,接手学校的行政管理工作,带领全体教职员工迈出改革发展的第一步。诸多难题摆在我眼前,而每一块都是难啃的硬骨头。学校取得国家级重点中专后,下一步的发展目标要清晰定位,连续几年的招生滑坡要及时做出改变,学校的硬件要更新改造,软件要提升等。"周虽旧邦,其命维新",作为校长的我深感责任重大,决心要通过不断学习、勇于探索、大胆实践,不辜负全体师生的期望,为学校未来的发展尽职尽责。

## 二、破冰:招生"一号工程"

学生是教育的主体,直接决定了教育能否顺利开展。然而,连续几年的招生滑坡给学校带来了生存危机,最低一年的报到学生数只有100多人,生源数量的骤降会导致学校的教师无课可上,由此又会产生教师教学积极性不高、流失率增加等一系列问题。可见,招生是学校第一要解决的紧要问题。"巧妇难为无米之炊",倘若学校的招生情况不尽快得到缓解,办学质量、办学特色等一系列改革也只有化为空中楼阁。因此,招生问题成为了学校必须打好的第一战,因此,我最终将招生工作列为了学校破冰的"一号工程"。

所谓"一号工程",就是要举全校之力去攻克的难关:从领导班子到普通教职工,从顶层设计到日常管理,利用一切机会、时间,号召全员参与攻克招生难关。可以说,学校里的每一个人都将招生工作视为自己工作中的重点环节。而通过一系列举措,学校的招生工作步步为营,取得了较好的成效。

在招生组织方面,由专人负责变为全校参与。学校本身设有专门的招生就业办公室,负责学校的招生和就业工作,而在"一号工程"开始之后,校领导们也加入了学校的招生工作,从制定方案到深入具体的招生日常工作,每一个环节都亲自参与,鼓舞了学校教职工的士气,起到了带头示范作用;同时,我们还成立了招生团队,由领导班子和招生办人员共同组成,负责去各区县初中学校进行宣讲活动,甚至将手机号码公开并全天开机,以便随时接听家长的咨询电话;此外,我们还提供了招生绩效奖励,积极鼓励学校所有教职工的参与。这样一来,大家的招生积极性渐渐被调动起来,学校逐渐形成全员参与招生工作的火热局面。

在招生形式方面,由被动等待变为主动出击。在提出"一号工程"之前,学校的招生工作开展方式就是工作人员在办公室接听家长的咨询电话,即被动地等待生源上门。中等职业教育吸引力下降,加上学校地理位置处于徐汇区较偏地带,当地中专学校数量可观,即面临着校际的招生竞争,如果继续被动地等待而不主动出击,学校最终只能被湮没在竞争的浪潮中。因此,我们想尽一切办法、采用多种形式对外进行宣传,目的就是要提升学校的知名度,打开生源市场,尽可能地吸引更多学生报考。不仅要在每年的4—6月报名期展开重点行动,还要渗透在日常的每一天。我们借助报纸、广播、电视、电话等传统媒体手段和新媒体新手段进行持续的宣传,甚至还采取了派发传单、刷涂料广告等"土办法",尽最大可能向外界宣传学校,提升招生数量。除此之外,我们重点抓住三个招生关键期:第一个是填写志愿时期。每年4月是初三学生填报学校志愿的时候,也是我校招生工作最紧密的时期。校外由校领导成员之间分工、轮流负责推进线下的招生宣传,分批带领招生团队参与各大招生咨询会、家长宣讲会,提升学校的知名度;校内,由招生就业办采用电话方式主动联系报考学生及学生家长,进一步咨询考生意向,并保持持续的联系;第二个是录取通知时期。考生在成绩公布的7月份前后会收到学校录取通知,但并非所有学生都会选择报到。学生会因为某些原因放弃录取资格,如复读、工作、出国留学等。对于这类学生,我们采取"不放弃"的处理原则,通过电话、走访等途径进行积极引导,尽可能地争取学生入学;第三个是新生报到时期。招生就业办公室会对每年的新生进行抽样调查工作,针对不同考分、地域、性别、专业的新生进行问卷调查,纵向、横向比较历年、每年的抽样结果,收集数据,总结招生工作结果,为下一年招生工作顺利进行做好准备。

在招生内容方面,由单一变为多元。"一号工程"启动后,学校致力于主动出击,借助线下、线上手段向外界进行宣传,提升学校知名度,打开招生市场。在布局多种宣传方式的基础上,持续丰富宣传内容。在此之前,宣传工作中关于学校的特点、优势展现得不系统不全面,通常是针对学生、家长的特定问题或学校的某一具体方面进行回答,但这种不系统的宣传会忽视学校最具亮点、最有优势的方面,从而对潜在生源的吸引力不够。因此,在"一号工程"启动的第一年,我们将较为分散的宣传内容进行分类、整理、归纳,紧跟学生的就读需求、家长的选校诉求,凝练出学校的办学优势,主动地把学校的办学亮点、特色、优势全面地呈现给学生和家长。如2005年,根据学生重点关注的毕业流向,学校将"升学就业"作为招生宣传的亮点,提出了"就业优势足,升学比例高"的宣传口号。同时,在此基础上,通过对学校的专业设置、教育设施、生活设施、校园文化等方面进行系统的介绍,使学校的招生优势开始显现;2006年,学校首次将"校风"作为招生亮点,针对"营造一流校风、培育合格人才、建设品牌学校","坚持以学生为本,注重学生'一日行为规范'教育"等内容进行宣传;2010年,丰富了"校风、教风、学风"的具体内涵,并将其放在招生手册的外页进行展示;2011年,学生、家长更倾向选择具有中高职贯通项目的学校,在此时期学校也抓住机遇,抢先取得了机电一体化专业的中高职贯通项目,在招生过程中占据优势。总之,随着学校的不断发展与改革、提升,我们招生宣传的内容也逐年丰富新颖起来,形成学校的招生特色。

在效果方面,通过不断的努力,学校2005年的录取人数提升至652人,大大超过了以往年份的录取学生数。可见,"一号工程"启动后的第一年就取得了显著成效,当即扭转了学校招生持续滑坡的局面。从这一年开始,学校的生源数量逐年增加,迄今为止基本维持在一个稳定的水平。而直到现在,学校仍然采取多样化的招生方式,持续重视招生工作。可以说,"一号工程"奠定了学校未来发展的重要基础,维持着学校的可持续发展,同时也促使学校内部不断提升管理水平和教学质量以满足学生日益增长的学习需求。此外,我校未来将把招生工作放在更广阔的视角下推进,使招生对象多元化,发挥职业教育面向人人、面向社会的功能。

### 三、 托底: 学生安全红线

在招生滑坡的态势得到控制后,学校学生规模逐渐扩大,办学规模保持相对稳定的状态,下一步的行动就要从数量的扩张转到质量的提升上来,而质量的提升必须要以安全托底,安全是其他一切活动顺利开展的重要前提。[①]

安全教育是目前中职学校学生管理的薄弱环节,也是管理人员、任课教师、班主任感到最棘手的事情。[②] 校园安全影响着每个学生的人身安全,是培养出德智体美劳学生的基础,也是学校办学立身的前提。一方面,安全底线在学校管理工作中有着一票否决的重要地位。从狭义上说,由于学校管理的出发点是学生,并以学生为中心,因此,保障学生的人身安全是学校一切工作开展的前提条件;从广义上讲,学校的安全工作是全社会安全工作的一个十分重要的组成部分,其直接关系到青少年学生能否健康地成长,关系到千千万万个家庭的幸福安宁和社会稳定。但另一方面,相对于普通高中而言,中职学校安全管理难度更大。首先是中职学校在校生大多处于青春期,易冲动,感情用事,自我约束力与抗诱惑能力都比较薄弱,自我效能感较低,这有可能造成一系列校园安全问题;其次是中职学校学生普遍缺乏有效的家庭教育。一些家长责任意识淡薄,对孩子疏于管理。基于上述原因,学校在抓好招生工作的同时,对校园安全工作也更加重视起来,将其视为托底的红线。

第一,基于安全因素考虑,同时也是出于学校自身的担当,学校在 2005 年提出了封闭式管理制度,即学生从周一进校以后都在学校活动,周五离校。我校住宿学生占比约 80%,这一比例在上海中职学校中位居前列,随着招生数的增加,住

---

① 韩标,刘再起,黄学永.高校学生安全教育探索[J].思想教育研究,2013,07(07):86—89.
② 曹利民.中职学生安全教育探析[J].学校党建与思想教育,2012(05):91—92.

宿学生的数量也相应增加。学生宿舍是学生人数比较集中,也是学生一天中滞留时间最长的场所,存在的各类安全隐患也特别多。学生住宿随之带来的影响就是对学校的管理、学生的管理时间维度不再是 8 个小时,而是持续 24 小时,这无疑大大增加了学校安全管理工作的难度,也给学校教师的管理工作带来很大压力。由此,我们制定了《住宿学生规定》,提出"干净、安静、互敬"的学生自我约束口号,实施进出楼规定及寝室楼内"十二不准"的管理原则。除此之外,学校还安排了学生干部、宿管委员等辅助学生工作的老师进行寝室安全检查工作。

然而,在推行宿舍规范化管理过程中,也并非十分顺利。例如,尽管学校明文规定"不准私自带打火机、香烟、管制刀具等违规物品"。但学校在对宿舍进行安全检查的时候,仍出现了有个别学生不遵守行为规范,携带管制刀具、香烟、打火机等,甚至有同学拒绝配合安全检查,这给学校的安全管理带来很大隐患。在学生干部、管理人员、老师及学生家长劝说无用后,学校认为有必要借助法律手段扭转这个局面,通过丰富安全教育的形式和手段来助力学生安全教育的推行。[①] 因此,我们在全校开展法律讲座,特别邀请长江派出所所长、警察等到校对全校学生进行安全法律教育,同时通过班主任向家长进行安全知识宣传。经过一系列的教育工作,宿舍安全问题终于得到了有效解决。学生的安全意识显著提高,随时配合安全检查工作和安全隐患处理工作,家长们对学校的管理办法也十分认可。

第二,落实安全教育。学校按照国家课程标准和地方课程设置要求制定学期、学年安全教育计划,根据学生的特点对学生开展安全教育和安全技能培训,提高学生的自救、自护和互救能力。比如,除了关于安全法律教育的讲座之外,学校还会针对预防和应对社会安全、公共卫生、意外伤害、自然灾害以及影响学生安全的其他事故等校园安全常见问题开展安全教育。除学生入学集训时就会进行安全教育外,学校每学期通过各种渠道至少再开展两次安全教育。此外,学校每学年组织师生以不同安全主题开展多种形式的事故预防演练,比如在 11 月开展"119 消防安全演练活动",指导学生在遇到紧急突发的火灾情况下如何安全有序地疏散,如何对受伤的同学进行包扎、救治等一系列活动内容。

最后,学校还对学校设施设备安全、周边社区安全、公共卫生安全等方面的隐患进行了排除和整治,并结合学校实际状况,制定了适合本校特点的安全管理规

---

① 姜小纳. 寄宿制中等职业学校学生安全教育研究[D]. 大连:辽宁师范大学,2011.

章制度,从食堂、宿舍、教学楼和实习场所等多场所、多方面进行全方位考虑,将学生可能遇到的危险以及解决方案都进行了全面设计并积极落实。同时,学校还加强培养安全管理工作人员的素质,对其展开培训工作,增强其安全意识,定期对可能新增的安全隐患进行排查,确保校园的安全管理。

我常说,万丈高楼平地起,地基不牢地动山摇,安全是"1",如果没有这个"1"的话,后面再多的"0"也没有用。学校的安全工作,不仅关系到自身个体的发展,也关系到学校整体的发展,需要全员参与、群防群治。经过逐年的严抓严防,校园安全在我们学校取得了显著的效果。至此,通过"一号工程"和校园安全两大工作建立起学校稳固而厚重的基石,"障百川而东之,回狂澜于既倒",学校的稳定工作、初步改革取得了阶段性胜利!

## 第二节 塑风立校的深入实践

经过几年的努力,我校招生的数量和生源的质量在逐渐提升,但学校的特色和核心竞争力还未形成,这极大地制约了学校的可持续发展。对于如何继续带领学校再出发,还需要继续摸索、勇于探索。基于以上背景,在研究中职学校办学和我校具体问题的基础上,我与学校领导班子提出了创建"品牌"学校的基本思路,并将"校风"建设作为品牌建设突破口。

成功的学校无一不把品牌开发视为学校的生命,制定与实施各具特色的"品牌战略",采取综合配套措施,树立学校品牌形象,扩大品牌效应,促进品牌增值。[①] 人们对品牌的界定一直众说纷纭,归纳起来有以下四类:(1)符号说。这类定义着眼于品牌的识别功能,从最直观的外表出发,将品牌看作是一种富有个性、具有区别功能的特殊符号;(2)综合说。这类定义从品牌的信息整合功能入手,将品牌置于营销乃至整个社会的大环境中加以分析,认为品牌不仅有标志等外在有形的东西,而且包括如历史意义、社会文化、心理意义等无形的东西;(3)关系说。这种定义强调品牌是在与消费者互动的过程中形成的,并且最后的实现由消费者来决定;(4)资源说。这类定义着眼于品牌具有的价值,突出品牌作为一种无形资

---

① 夏江峰.学校品牌的塑造[D].上海:华东师范大学,2005.

产为组织带来的财富和利润,以及给社会带来的文化与时尚等价值意义。[①] 对于中职学校来说,品牌内涵主要有三点:第一,学校能提供什么样的教育服务(即办学个性)及这种服务的质量如何;第二,学校所倡导的教育理念、校园文化等办学的核心价值观;第三,学校的外在形象,即社会对学校的评价、家长对学校的认可度等。学校品牌是教育市场发展的必然要求,它能够为学校创造良好的生存环境,集聚教育合力,增强学校管理能力,增加学校的无形资产。[②] 推动我校的"品牌建设"对学校未来可持续发展、打造特色学校具有十分重要的意义:第一,能较好地突出学校发展特色和办学个性;第二,能促进学校办学品质的提升;第三,能有利于提高社会及家长的认可度,增加学校对各种教育资源的吸附能力。

根据以上所述内涵,可以将学校品牌分为内、外两种表现形式。外部主要表现为学校的校徽、校歌、校服、校园标识、对外宣传形象及辐射外部社会的能力等,内部则主要表现为学校的教育追求、办学理念、团队文化、校风校纪、教风学风等。因此,学校应进行统一研究和规划,使外部形象标识统一化、规范化,具有一定的特色和影响力,能够展现学校的内部文化;使内部表现系统化、条理化,与外部形象相统一。除此之外,学校的"品牌"意识应渗透到学校具体的招生招聘、对外宣传、教育教学、学生管理等日常运营中,并通过制度设计将学校品牌的维护、推广、提升纳入到学校的常规管理中,最终通过品牌建设和管理来推动学校的持续发展。改革阶段,我们首先以校风、教风、学风作为抓手进行了合理的规划及实践。

## 一、"自尊、理性、超越、和谐"的校风

风气是内在素质的外部表现,是个体、组织、单位形象的鲜明标志,是引导和约束个体行为的无形力量。校风即学校的风气,是学校的灵魂和学校整体形象的写照,也是衡量学校教育质量和办学水平的重要标志。校风反映学校整体的精神面貌、办学理念和追求、教育和管理水平,反映师生整体的思想、道德、心理素质和普遍的工作、学习方式,也反映学校对每一位成员的基本素质要求。一个学校的优良校风是在长期的办学实践中逐渐培育起来的,对全体师生产生强烈的导向和激励作用,规范、约束师生的日常行为,凝聚、团结师生力量,是学校宝贵的无形资

---

[①] 余明阳等.品牌学教程[M].上海:复旦大学出版社,2005:2—3.
[②] 王奇.论学校品牌形象塑造[D].北京:首都师范大学,2006:10—12.

产和重要的教育资源。①②③

在2005年下半年,学校确立了"以'校风品牌'为主线,带动'专业建设、师资、招生与就业、宣传与策划'等方面品牌发展"的战略目标,并于2006年6月出台了《关于以校风为主线,推进学校品牌建设的实施意见》,开始了学校"品牌"创建工作,并将树立校风作为重要的改革抓手和重点推行的举措。

经领导班子针对我校实际情况和未来发展方向的反复研究和推敲,学校确定了"营造一流校风,培育合格人才,建设品牌学校"的总目标,并提出"自尊、理性、超越、和谐"的校风,"正己、爱生、乐教、奉献"的教风,"明礼、守纪、勤奋、自强"的学风。同时,明确重点发展方向:通过抓领导班子和干部队伍的思想建设来促进勤政、创新、务实的工作作风的形成;通过抓师德的培育来促进严谨教风的形成;通过抓学生行为规范的养成来促进学校浓厚学风的形成。最终在树立良好校风的基础上,带动专业、师资、就业和形象等方面的品牌建设,形成学校的教育教学特色,促进学校的可持续发展。

在内涵理解方面,学校"自尊、理性、超越、和谐"的校风即"自立自尊、心理健康、积极进取、融洽和谐"。学校充分发挥环境育人、文化育人的积极作用,陶冶师生高尚的道德情操,培养学生良好的行为习惯,提高学生道德素养,丰富校园生活,优化育人环境,打造和谐校园。

在具体措施方面,学校做了以下实践工作:(1)组织保障工作。成立学校校风品牌建设的组织机构,设立办公室,具体落实校风品牌建设各项工作;(2)环境育人工作。增强全校师生员工的校风意识、品牌意识。在学校重要场所,书写张贴"校风"要求;在开学典礼、新生入学教育、总结表彰大会、班会、家长会、联欢会、对外宣传等各种场合广泛宣传"校风",让广大师生理解校风建设的内容、具体要求和重要作用;(3)理念内涵工作。通过全校教职工的共同努力,提炼我校办学理念,提炼完善体现我校办学理念的校训、教风、学风要求;(4)制度保障工作。建立、健全学校两级领导干部听课制度,全员参与的督教、督学、督风工作制度,班主任工作责任制度,教师课堂教学质量考核制度与课堂教学纪律工作责任制度,中

---

① 曾山金.校风——大学之魂[J].高等教育研究,2005(11):14—19.
② 范丰慧,黄希庭.中学校风因素结构的探索性分析[J].心理科学,2005(03):533—536.
③ 洪庆根,李世改,马天翼.试论办学理念、办学特色、校风、校训之间的关系[J].高等教育研究学报,2009,32(04):4—6+9.

级以上职称教师在全校开设公开课的制度,高级职称教师在全校开设讲座的制度,教学与教育工作事故责任追究制度;(5)党风廉政建设。发挥党员先进作用,从领导作风着手,党员模范带头,领导干部深入一线,了解、指导班级工作;(6)创优争先工作。深化评选和表彰优秀教师、优秀班主任和先进工作者的工作,推广在学校品牌建设中的先进事例和精品成果,以多种形式加强宣传和交流,扩大影响。

在推进校风建设的过程中,我深知群体中带头人的作用是十分重要的,领导者的意志对群体发展具有相当大的影响,领导者的决心和行动对群体改革发挥着至关重要的作用。因此,在校风建设之初,我们就进行干部任用制度的改革。2005年开始,学校的干部任用方式采用竞争应聘制,把"要我做"变为"我要做",激发中层干部干事创业的积极性和主动性,致力于提升干部队伍的整体素质和水平。同时,我也高度重视领导班子自身素质的培养与提高,并加强领导班子的政治理论学习,提高领导班子的政治理论水平。在任何时候,都要把坚定坚持正确的政治方向摆在首位,在任何政治风波和社会思潮面前,都要站稳脚跟,自觉抵制各种错误思想的干扰。要求学校领导班子和教师们忠诚于教育事业,勇于探索,敢于创新,树立一生从事教育工作的职业荣誉感和社会责任感;同时我自己也努力提高自身统揽全局、科学领导的能力和坚持求真务实的工作作风,在校园优良校风建设中作出表率。

## 二、"正己、爱生、乐教、奉献"的教风

近代著名教育家梅贻琦先生说:"所谓大学者,非谓有大楼之谓也,有大师之谓也"。[1] 教风学风建设是衡量一所大学办学水平的重要指标,是一所学校治学精神、治学态度和治学原则的综合体现。[2] 同样,中职学校的教风是教师教育教学活动中表现出来的精神状态和工作作风,是教师的教学思想、教学方法、教学风格和教学态度的集中表现。教师是学校办学思想、教育方针、政策的执行者,他们对学生的接触是直接的、频繁的,教师给学生"传道、授业、解惑",其思维方式、治学态

---

[1] 刘述礼,黄延复.梅贻琦教育论著选[M].北京:人民教育出版社,1999:10.
[2] 金文斌.加强教风学风建设提高人才培养质量[J].中国高等教育,2013(11):59—60.

度、行为准则无不直接影响着学生的品德、言行和知识的积累、才能的增长。① 因而,教风的影响是直接的、重要的,具有鲜明的导向性,对校风的形成起着决定性作用,是校风建设中的主导因素。

第一,理性看待我校教师的整体素质、水平还有些参差不齐,个别教师缺乏敬业精神,教书不育人,言教不身教,对学生不够关心,缺乏交流,师生联系制度流于形式;个别教师上课迟到、早退或提前下课;部分教师把工作混同一般"职业",不认真钻研业务,不注重自身素质提高,课堂准备不充分。印象中给我触动很大的一件事情是:2006年春季某一天中午,学校有两名学生在操场上打架,然而从旁经过的老师都对此无动于衷,只是默默走过而没有一个老师去管,最后是从旁路过的同学跑到学生科去叫了老师,由学生科老师将两位打架的同学带回办公室批评教育。这件事情给我和学校领导带来了极大的触动,当天下午我们召开了紧急的全体教职工大会,而这是我校长职业生涯中唯一一次召开这样的紧急会议。大会上,我针对"在学校里教师应扮演什么样的角色"这一问题作出了非常严肃的反思。是否我们的老师仅仅是45分钟的课堂上的老师,一个老师完成好这45分钟就算是一个老师了?我向老师们提出了这样的问题。第二,老师的穿衣打扮问题,由于2006年时学校还未对老师提出过相应要求,老师穿吊带衫、拖鞋上课的情况偶有发生,这不符合教师的教仪端庄形象。

随后,学校针对当时学校教师在教师素养、工作态度、教学水平、师生关系上暴露出的问题,围绕几大主题采取了相关举措。首先,在师生关系方面,学校重点强调老师主动关爱、包容学生。一方面,从学生自身来说,家庭情况主要有以下几类特殊情况:(1)离异家庭占比多;(2)困难家庭占比多;(3)不管孩子成长的家庭占比多。因此,可以说大部分学生是缺乏家庭关爱的。从归属感来说,家庭和学校是这个阶段青少年重要的归属感来源。就学校而言,教师就需要更加关心、爱护学生,让学生心有所依,感受到来自校园的温暖。另一方面,从育人工作的客观要求来说,教育者与被教育者有着一样的人格价值和人格尊严,真心关爱必将换来学生的信任,进而使教师的自我价值得以实现。教师应从尊重学生、关心学生、理解学生出发,从情字入手,与学生平等相处,要经常关心学生的衣食住行、兴趣

---

① 尤建国.高职院校师德师风建设的研究与实践——以南京工业职业技术学院为例[J].学校党建与思想教育,2012(16):85—86.

爱好、家庭困难、特殊需要等生活细节。尽最大努力创造条件帮助他们解决实际问题，满足他们的合理要求。基于此，学校大力倡导教师的爱生品质，在日常生活的一言一行中都要照顾到学生的细节。比如，当校门口执勤的学生们向老师打招呼时，要积极回复学生们的问候。如果有哪位老师直接进校而忽视了学生的问好，那么学校将会对该老师进行提醒。

其次，在教学水平方面，学校主要做了以下几点工作：(1)建立、健全学校两级领导干部听课制度。校级领导每周一次，中层干部每两周一次，听课范围覆盖全校27个中专班级、6个高职班级、近50位任课老师。(2)健全全员参与的督教、督学、督风工作制度。由16位行政管理人员组成巡视队伍，2人一组，每2周循环1次，通过在课间和午休时间的校内巡视，加强学生课后行为规范的管理力度。(3)组织"聚焦课堂教学，加强教学与管理相统一"的教学研讨活动。该活动分为两个阶段进行：第一阶段，组织包括兼职教师、外聘教师在内的全体教师进行有关"聚焦课堂教学，进一步强化教学与管理相统一"的教学经验、方法、心得体会等方面的论文征集，活动第一期就收到相关论文近50篇；第二阶段，召开"课堂教学与管理研讨会"活动。通过研讨活动，老师对课堂教学和课堂管理等主题进行相互交流，有效促进老师对课堂纪律管理的认识，通过相互借鉴，提高老师驾驭课堂的能力，进一步加强课堂教学的实效性，为提高我校整体办学水平奠定基础。(4)组织全校教职工开展教师基本功展示。学校组织了教师教案书写规范评比和粉笔字、钢笔字比赛活动，3位老师在全校举行了公开课教学。5位教师较优秀的教案在橱窗内展示，起到较好的示范作用，促进全体教师教案书写规范水平的提高。26位教职工参加了粉笔字、钢笔字比赛，全体教师参加观摩，促进教风建设。

最后，在教科研方面，学校提出"科研兴校""科研先行"的口号。学校认识到，教师根据自己的教学感悟写论文只是教科研工作中很小的一部分，而学校如何根据实际，特别是专业发展、教育教学中的重点难点、瓶颈问题来牵引教科研工作，尤其是校本教学研究，教师要立足课堂、面向学生并珍视经验、注重反思，强调要优化教师的研究意识、理论意识和对话意识，努力具备实验能力、撰写能力和网络应用能力，重视校长和专家在校本教研制度建设中的作用[①]，并在这个过程中锻炼科研队伍才是教科研工作的重点内容。学校对教科研工作给予高度的重视和大

---

① 潘涌.论"科研兴校"的着力点——校本教学研究[J].教育理论与实践，2003(17):29—32.

力支持,有助于在更广阔的视野中逐步形成我校独特的办学理念和办学特色,同时也有效促进课程教学改革、提高教师的基本素质。学校在2005年将评估办公室调整为教学开发研究室,兼具督导、绩效考核职能,2006年成立教学研究室,设专职副处长,并由校长分管。同时组建了学校教科研评审小组、校本教材评审小组等机构,负责对学校科研工作进行指导、检查、及时修订和修改学校的教科研考核条例、对学校优秀教科研成果进行表彰、奖励学科带头人及绩效工资评定等。教学研究室最初主要针对学校内部一些亟待解决的问题,提倡教师参与科研,由教学研究室负责带领课题组进行研究,鼓励教师走出校门调研和学习。教师通过走出校门调研这种方式既能广泛地了解行业信息,活跃他们的思维,提升原有的经验,又能提高教师分析问题、解决问题的能力。比如以"就业导向"为主题,开展相关职业指导,并进行毕业生就业情况的持续跟踪。除此之外,学校在深化课程教学改革、学生德育工作创新等工作领域,采取"科研先行"的思路,以问题为课题组织相关教师参与研究,加强理论学习,寻找解决问题的最佳途径,并坚持"理论联系实际"的作风,通过教育教学实践对研究成果进行修正和完善。同时,在"科研兴校"中校长要充当科研的领导者、参与者、实践者、激励者等多元角色,只有如此,"教育科研"才能真正成为学校改革与发展的杠杆。[①]

"教风"建设塑造了学校教师"正己、爱生、乐教、奉献"的优秀师风师德,强化了教书育人的教师主体作用,学校教师团队的整体素质水平得到了提升,"教风"建设取得了明显的成效。

## ◈ 案例延伸

我校张怀庆老师在一次班主任分享会上说道:"作为老师,一定要用自己的真心与爱心多去寻找学生身上的闪光点,赞扬他,鼓励他,信任他。"在张老师带过的06级美术班里,有一名胖乎乎的副班长名叫刘润毅。在润毅刚入校时,张老师就留意到这个学生有点与众不同,他行为做事相比其他同学比较老到,有一定威信又较有人缘,但是学习方面表现较差。于是,张老师就找他聊天,鼓励他参与班委竞选。选举结果出来后,他的得票数位列第2。对于这个结果,润毅和张老师都有些惊讶。张老师其实思考得更多,当初之所以鼓励他参与竞选,是因为认为润毅

---

① 李海燕."科研兴校"中校长角色的案例研究[D].哈尔滨:哈尔滨师范大学,2009.

适合做纪律委员帮忙管理班级纪律,同时让他可以进行自我约束并提高自己的学习成绩。然而,名列第 2 的候选人是可以在班长和团支书两个位子上做选择的,可是润毅的学习成绩和行为规范表现又不算好,如果做了班长或团支书,如何能做好表率服众? 但张老师还是征求了润毅的意见:

"你有没有信心当班长管理好班级?"

"当班长? 嗯,嗯……可以吧。不过我……我以前从来没当过班长,老师,你觉得我行吗?"润毅很高兴也很激动,"我没做过班长,万一做得很糟糕,岂不让老师您失望了? 那您就让我做个副的试试吧!"

其实,让润毅做副班长是张老师再三思忖过的想法,在后来的班级管理工作中张老师也给予了他充分的信任与支持。当然,润毅的表现也没让大家失望,他在协助班长开展工作、维持班级纪律工作中都发挥了重要作用。在张老师的信任与鼓励下,他的学习成绩也有较大提高,专业考证也都顺利过关了。毕业之后,润毅一边在上海海洋大学后勤部工作一边读函授大专,而他以前做班干部的经历对现在的工作依然很有帮助。润毅同学对张老师的感激之情溢于言表,他坦言自己以前在学校里一直是被作为调皮捣蛋的差生对待的,几乎就没有老师能给予他像张老师这么大的信任与鼓励,所以,在张老师这名班主任面前他下决心一定要好好表现。事实也证明,张老师对学生的关爱、尊重与呵护成就了学生,也成就了自己。

建设和形成良好教风,主要取决于教师的"三个投入",即教师要将足够的时间、深厚的情感、充沛的精力投入到教育教学中去。学校要为教师的"三个投入"创造良好的保障条件,努力营造一个尊师重教、有利于每一位教师健康成长的校园环境。[①] 在培养良好教风的同时,学校也为教师工作开展提供强有力的支持,这是学校下一步发展的方向。

## 三、"明礼、守纪、勤奋、自强"的学风

大学之大,不仅在于教师,而且在于学生。学校立足的根本在于教育质量,良好的教风与学风是教育质量的保障。教风影响是直接的、重要的、具有鲜明的导

---

① 杨德广.建设良好教风取决于教师的"三个投入"[J].高校教育管理,2014,8(06):1—5+9.

向性,起着决定性作用,是校风建设的主导因素。学风的好坏直接关系到校风的质量,是校风建设的归宿。优良的教风学风是大学核心竞争力的体现。① 因此,在协同创新育人的背景下,培养良好"学风"是下一步工作的重点。

学生学风包含学生的学习需要、学习动机、学习目标、学习态度、学习行为等多项内容,直接反映出学生学习目标是否明确、学习过程是否刻苦、学习纪律是否严明等。② 习近平总书记指出:"青年人正处于学习的黄金时期,应该把学习作为首要任务,作为一种责任、一种精神追求、一种生活方式,树立梦想从学习开始、事业靠本领成就的观念,让勤奋学习成为青春远航的动力,让增长本领成为青春搏击的能量。"根据我校学生特点,学风的树立要从学生行为规范做起。行为规范作为一个人的立身之本,一言一行体现出个人的素养。但实事求是地说,我们学校的学生有些时候的自控能力是比较差的,特别是一些学生在初中养成了一些不良习惯,比如在仪容仪表方面,会出现有学生戴耳环、化妆上学、乱穿校服、在校服上涂鸦作画等情形;在师生关系方面,也出现有同学不尊重老师、漠视老师等行为。因此,当新生进入学校以后,就必须做统一要求,即以学生的行为规范为抓手树立"明礼、守纪、勤奋、自强"的学风。

因此,学校围绕"学风"建设初步开展了以下活动:(1)试行学生一日行为规范评价。要求学生在日常和课堂上做到"四要四不要""六要六不要",并通过学生一日行为规范评价活动,积极引导学生尊师、守纪的日常行为规范,并建立学生在校期间的行为档案,在档案中记录好人好事及处分,有效促进了学生日常行为管理。(2)抓好学生第二课堂教育。教务处与团委合作,注重第二课堂的教学工作,开设了书法、音乐欣赏等课程,促进了学生的素质教育。团委组织开展了校内足球比赛,全校学生积极参与,气氛活跃,丰富了校园文化生活,增强了班级凝聚力,促进了班风建设。(3)开展"文明用语,礼貌待人"活动。要求师生之间相互问好,尤其要求教职工在学生问好时做好对学生的问好和关心,在课堂上规范教学用语,有效促进了校园内和谐。(4)开好主题班会。班风反映了班级的德育水平和学习风气,结合德育教育,集中就校风、学风和班风要求,各个班级召开了校风建设、学雷锋、爱国、复习迎考等内容的主题班会,引导和帮助学生树立科学的世界观、人生

---

① 陈锡坚,陈志强.教风学风协同建设的育人实践探索[J].教育评论,2015(12):152—154.
② 杨涛.加强高校学生学风建设的实现路径[J].中国高等教育,2015(Z1):65—67.

观和价值观,促进学生的全面发展,并通过班级间班风的评比促进全校学风的建设。(5)丰富业余文化生活。组织和引导学生开展业余文化娱乐活动、参加社区志愿者活动等,促进学校、家庭、社会相互协调,共同打造合力育人的德育教育网络。(6)开设心理健康教育。设立心理咨询室,开展心理健康教育,帮助学生解决生活学习中的困惑和心理问题。(7)组织好国旗下讲话。采用多种形式,鼓励学生积极参与,增强国旗教育效果。

然而,"学风"的形成并非一朝一夕,为使学生在校期间养成"践行礼仪、守序守纪、刻苦勤勉、自强不息"的良好习惯,学校在不断的实践中逐渐丰富了"学风"建设的内容。

第一,学校在学生一日行为规范基础上展开了"三个一"养成行动。该措施以凯尔曼的"服从——认同——内化"三阶段逐级上升的态度形成过程为理论指导①,具体措施内容为:第一个"一"是一周的适应期。养成教育从入学就开始,在新生军训和入学教育的第一周,利用《上海市材料工程学校学生一日行为规范宣传手册》对学生进行文明礼貌、仪容仪表强化规范,利用军训规范学生坐姿、站姿,并对新生进行意志品质训练、组织纪律训练。同时,所有班级都要学习校纪校规,制订班级规划和学生个人规划,按学校的一日行为规范要求适应一周。第二个"一"是强化规范一个月。根据心理学相关理论,一个人的某一行为持续重复21天以上就能形成习惯,并且他在之后的时间里很有可能继续这一习惯。因此,第一个月是学生行为规范教育月,经过第一周的反复宣传、实践,使学生逐渐了解、熟悉校纪班规,且入心入脑,把学校的一日行为规范坚持严格执行一个月,让学生基本养成良好的行为规范。第三个"一"是坚持一个学期。我们只要坚持一个学期不动摇,经过一个学期的规范要求,各项规矩、措施就会内化为学生的自觉行为。绝大多数学生能够在教师的提醒、引导下,逐渐地由被迫遵守转变成一种习惯遵守,再继续深化实践,最终达成内化的目标。这样一个单元循环下去,学生的学风习惯将呈螺旋式不断上升。

第二,学校以班风为抓手,狠抓"学风"教育和管理。班风反映了班级的德育水平和学习风气,一个班级如果正气不能占主流,则邪气必定扶摇直上,进而影响

---

① 张爱萍,王诗卉蓉.运用态度改变三阶段理论培养大学生民族团结意识[J].学校党建与思想教育,2015(09):57—58+74.

其他班级的班风。一个班级的良好的班风和学风的形成不仅需要班主任的科学班级管理、任课老师的相关配合,还需要学校良好氛围的创设,更需要学生对自身行为和目标的规范,即学生的自主管理。[①] 学校通过主抓班风,从班委会和团支部队伍建设着手,树立正气,压制歪风,带动班风培养,学生养成的良好行为规范以班级为单位,通过班级间班风的评比促进全校学风的建设。当然,班主任是班级工作的领导者和组织者,班风建设需要班主任进行贯彻落实,因此,班主任还将在班级建设工作中灌输对学生的养成教育,这样一来也将拉近师生距离,使班级的凝聚力大大提升。

第三,学校还实施了学生行为规范分段目标教育工作。针对一年级的学生,提出"诚实守信,遵纪守法,团结合作,勤奋好学"的目标;针对二年级的学生,提出"热爱专业,积极实践,自律自强,不断进取"的目标;针对三年级的学生,提出"爱岗敬业,奉献社会,准确定位,迎接挑战"的目标。培养学生成为五个"好":在学校做团结友爱、互相帮助、尊重他人、善于合作的好学生;在社会做热爱祖国、遵纪守法、诚实守信、文明礼貌的好公民;在家庭做孝敬父母、关心亲人、勤俭节约、热爱劳动的好儿女;在社区做爱护公物、讲究卫生、保护环境、遵守秩序的好居民;在实习单位做敬业爱岗、钻研技能、吃苦耐劳、热情服务的好员工。采取的具体措施有:通过加强对学生干部的素质培养工作,提高学生的自我管理能力;加强对后进学生的转化工作,使他们树立信心、健康向上;完善班主任的考核体系,提高班主任的工作积极性和班级的管理水平;调动全校教职工的积极性,形成人人参与、齐抓共管做好学生思想道德建设工作的局面。

第四,学校还带领学生开展形式多样的社会服务活动。由于中职生在自我评价、家庭评价及社会评价中的表现并不属于十分优秀突出的一类,他们对社会中的有色眼镜比较敏感,因此要消除他们的自卑心理。出于这样的目的,学校开始组织学生走出学校,通过学生参与社会服务加强自身的社会价值。学校建立了多个学生校外服务实践基地,包括上海市第八人民医院、上海南地铁站、解放军73176部队、老年服务及附近社区等,实际上,此举措的开始时间还早于教委推行的学生综合素质评价。

第五,学校还重点关注到学生的学业成绩。由于中职校出现过不少因学生学

---

① 许树梅. 初中学生自主管理能力对良好班风学风形成的研究[D]. 武汉:华中师范大学,2014.

业成绩不合格,最终拿不到毕业证或中途退学的情况,因此,在当时上海还未大力推行三校生高考、文化学业水平考试前,学校就已经开始抓学生的学业情况,重点强调学生的学业成绩。渐渐地,学校的辍学率、肄业数逐年下降,相应的学生毕业率也都在逐年提升。

通过"学风"建设,学生们将"明礼、守纪、勤奋、自强"的美好品质深深烙印在了心中,学生成为了学校行走的形象代言人,学风建设取得了明显成效。在此过程中,同样也发生了许多令人印象深刻的事情。

## 案例延伸

在一次班主任交流会上,龙洋老师分享了她对学风建设的感悟。作为班主任的龙洋老师发现,就班级而言,学生们不爱学习,甚至有厌学情绪,已经不是个案,甚至还会有互相之间传染的现象,使得整个班级都萎靡不振。这不仅会影响班级的课堂纪律,甚至直接影响到一个班级的班风。班风的好坏又直接影响到班级大多数同学学习成绩的优劣,长此以往,往往会形成恶性循环。对这种不爱学习的风气的处理,对于所有老师而言,都是十分棘手而又不得不面对的问题。针对我们学校的这群正处于十七八岁的青春期的孩子来说,这一时期的学生本身自我控制的能力不强,很容易受到外界事物的影响,单单依靠学生之间的互相影响起效较慢。因此,要调动班级的学习氛围,调动大家学习的积极性,就要从班集体这个大环境着手,要重视学习环境的布置。教室作为班级文化的组成部分,在很大程度上体现了班级精神,而且直接影响到学生的心理健康。一个整洁、美观、优雅的室内环境,犹如细雨润物,容易给同学们创造良好的心境。安静、和谐的学习生活空间,可以催人奋进,影响学生对事物的判断和看法。因此,教室的卫生显得尤为重要。在平时的工作中,龙老师经常进教室看看,课桌是不是排放整齐,门窗、讲台是不是保持整洁。有的学生卫生习惯不佳,削了铅笔就顺手把铅笔灰撒在脚下,碰到这种情况,龙老师先私下提醒他,帮助他改掉长期积累下来的这些坏习惯,让大家有一种"教室是我家的感觉";如果不起作用,下一步就是依靠班委反复督促。在学生处和团委的组织下,龙老师还让大家参与了创建温馨教室的活动,班级里每个同学都对怎样才能将班级建设得更加美丽提出意见,最后,大家把教室里的每一面墙都利用起来,粘贴了励志的名人名言,留了奖状栏,开辟了一块心愿墙。每一面墙都显示出学生们活跃的思维和互助互爱的师生情感。

另一个故事是来自商务班的小邵同学,小邵刚入校时表现很差,经常旷课,学习成绩也不理想,期末考试有很多科不及格。甚至在一年级下学期,小邵由于参与校外人员打架,因把对方打伤而赔偿 2000 元,他自己也因此受到了学校的纪律处分。但小邵的老师们没有放弃他,班主任和学生处老师发现他懂礼貌,见到老师能主动问好,在仪容、仪表方面很符合学生规范,每天校服穿得干净、整齐等优点,经常找他谈话并给予表扬激励。同时,学生处老师又发现小邵对篮球情有独钟,于是在体育节的篮球比赛中,推荐他做学生裁判。事实证明,他的裁判工作确实做得很好。就这样,历时一个多月的篮球比赛,经常可以看到他忙碌的身影。慢慢地,大家都发现小邵同学和以前完全不一样了,近两个学期以来,他从未旷过一次课,还主动找老师要求把以前不合格的学科成绩进行重修,而且很多科目都通过重修达到合格。在之后的顶岗实习推荐中,由于小邵整洁的外表和良好的文明礼貌素养,在面试过程中表现出色,成功被录取。接到用人单位的录用通知后,小邵第一时间就打给他的班主任,想同老师一起分享这个好消息。经过学风建设工作,不仅学生的学习成绩、个人素质得到了明显改善,师生的关系也变得格外融洽起来。

学风建设是一项系统性的工程,首先,要发挥学生的主体性作用,考虑不同学生的群体特点和个性差异,最大程度发挥学生的主观能动性。其次,要重视教师及管理人员的综合素质培养,同时加强师德师风建设,以教师的高道德水平感染和引导学生健康成长成才。[①] 这将是学校下一步发展努力的方向。

## 第三节　塑风立校卓有成效

作为校长,我需要站在时代发展的前沿,用宽阔的眼界和思路以及宽广的视野去考虑问题。自担任校长以来,我和我的团队以发展的眼光谋划学校的未来,颇为大胆地对学校进行了一系列改革,在规定的时间内,相继实现了学校阶段性发展目标,截至 2012 年,改革工作的第一阶段取得了较为理想的成绩。

---

① 苗洪霞,王志华,刘群.高校学风建设影响因素研究[J].教育研究,2016,37(09):51—58.

## 一、以办学质量求发展,实现办学规模新高度

办学规模逐渐稳定。作为学校"一号工程"的招生工作一经实施,使连续几年招生滑坡的态势得到制止。2005年以来,学校的年招生数最高达到700人,一般稳定在500人左右。在校生规模最高达到2500人左右,一般稳定在1300人左右。

校园环境更加舒适。2005年,学校按照校园整体规划布局方案,对校园的整体环境和布局进行改造和调整;2009年,学校实施了教学楼和图书馆改造扩建、校园道路绿化工程,曾经黄土飞扬的田径场、简易的篮球场也都铺上了塑胶,运动场内还种植人造草皮;南教学楼拔地而起,为容纳更多的学生并提升学生学习环境奠定了物质基础;在建新楼的同时,我们按照学校的总体布局方案,对老楼实施改造和装修,让老楼焕发新的光彩;同时将教室、办公室、宿舍等装备更新,让师生都拥有了一个温馨、舒适的工作、学习、生活的场所。至此,基本完成了各幢建筑物的外观美化、功能定位,校园环境变得更加协调、更加美化、更加整洁。

实训中心整体实力提升。学校已经设有材性测试、机电、计算机三大实训中心,而"上海市建筑与工程材料开放实训中心"先后在上海市教委的绩效评估中被评为优秀开放实训中心,被徐汇区劳动保障局评为社会办学诚信免检单位,被国家建材职业技能鉴定指导中心评为先进单位。同时,材料展示厅也已经迁入上海市建筑与工程材料开放实训中心,展示厅的空间、布局、装备基本处于全国同专业的领先地位。此外,2007年信息综合楼的建成替代了学校的矮平房,也让计算机实训中心整体实力得到提升。2016年,学校建成了"上海市机电设备安装与维修开放实训中心"。

## 二、以教科研求突破,打造师资队伍高水平

"一枝独秀不是春,百花齐放春满园"。我常常与老师们打趣说"大家好,才是真的好",虽然听起来过于直白,但这一直是我最朴实的领导方针,也是我待人处世的原则。自我担任校长起,我和我的团队就秉承"科研兴校、科研强师"的理念,坚持"领导带头做科研、教师积极做科研、学校大力评科研"的工作思路,提倡"教研同行"的做法,对学校教科研工作给予了高度的重视和大力支持,提高了教师解

决实际问题的能力,促进了教师的专业发展。

2005年,学校对特色专业立项调研,对材料生产企业的生产、管理、检测人员进行分析研究,促进学校的材料专业转型发展,使得材料专业从招生困难变为进出口两旺;2006年,成立品牌建设专题小组,分析学校实际和中职生的特点、用人单位的要求,确定"校风"品牌战略,使学生的总体面貌得到很大改善;学校还负责完成了上海市市级重点课题,侧重于研究中职校职业指导与就业工作方面的问题,在科研基础上实施全面开展职业指导和就业工作的模式,改善学校各项工作的流程;学校的机电教研室通过市级课题研究形成了数控专业理论与实训一体化的教学模式;英语教研室借助课题研究带领教研室的英语教师集体备课,共同研究对学校的英语课堂进行了改革,成功地提升了学生学习英语的兴趣和学习积极性。

而我也用亲身实践做出了表率,主持完成中国职业技术教育学会规划课题《上海市中职校职业指导模式的实践研究》、上海市教育委员会课题《中职校内部教学质量监控系统信息化实践研究》等。带领团队完成的《全过程实时化教学质量监控系统的研究、开发与实施》《生产型联合实训中心"定岗跟单"实践教学模式的创建与实施》课题获2017年上海市教学成果2个一等奖。另外,《中职学校协作共建教学诊改数据中心的研究与实践》论文2020年12月在《职业技术教育》(核心期刊)上发表;参与编写《职教名校长从这里启航》(副主编)、学生读本《心理健康与职业生涯规划》(主编)、《铸魂 提质 上海市中职德育课程10年改革》(副主编)等。

学校教科研工作取得了极大的成效。在此期间,学校成功申报立项了国家级、省市级课题项目60余项,并积极参与多项校外课题研究项目;编写校本教材50余本,全国出版发行9本;校外获奖及公开发表论文100余篇,其中国内、外核心期刊20篇、校外获奖30篇。这些课题研究都基于我校实际情况提出,通过成立课题、研究解决问题的方法,对学校教育工作和教学质量的提高起到了强大的推动作用,也是形成学校全体科研氛围的有利条件。

### 三、以校企合作求特色,形成专业建设新局面

由于高度重视校企合作工作,其间我还亲自分管学校的校企合作和毕业生就业工作。学校通过校企合作平台,充分利用校内和企业的教学及实训资源,将企

业与学校有机融合,依托行业和企业,根据专业特点开展形式多样的校企合作模式的实践,使校企合作从单一的安排学生顶岗实习和就业的功能,向校企共建专业、课程、师资,共育学生、校园文化等全方位深化。

按照"立足集团,辐射行业"的思路,与贝尔股份有限公司、浦东检测中心、申美商品质量检测有限公司、上海通用汽车有限公司、欣之泉建筑装饰有限公司等200多家企业单位建立长期稳定的合作关系,开展了定岗跟单、现代学徒制、冠名班、专业工作室等多种形式的校企合作模式:电子商务专业与锦江之星有限公司开展"工学交替"培养模式;建筑装饰、室内设计、多媒体技术专业分别与梓相建筑工程管理有限公司、如意广告公司联合设立"建筑装饰""多媒体"两个校内工作室;在建筑与工程材料等专业中开设"玻钢院""建工材料""万安公司"和"庄信万丰"等冠名班;数控专业、机电设备安装与维修专业与松下半导体有限公司联合开设"定向班",松下公司设立了奖励基金;与上海轻工环境保护压力容器监测总站共同建立建筑节能联合实训中心,逐渐把我校的材料检测延伸到建筑节能、环境监测等检测领域;学校还与上海轻工环境保护压力容器监测总站建立节能保温材料检测的联合实验室,共建"产、学、研"一体的合作平台,既满足了职业教育发展的需求、企业的用人需求,同时也满足了学生求知、就业的需求,有力地促进了职业学校技能型人才的全面培养。

近年来,我校毕业生平均就业率达到 98.8%,专业对口率达到 84%。从企业接收学生就业和安排教师挂职锻炼到全程参与学校的专业建设和教育教学改革,学校已与企业形成互相依赖、互相支撑、同步发展、校企共赢的局面。

## 四、以改革创新为动力,全面提升学校管理

"品牌"战略成效显著。自 2006 年起实施国家级重点中专品牌学校建设战略,提出要逐步形成"专业、师资、校风、就业、宣传"等品牌,并根据中职学生的特点和中职校的育人任务,实施以校风品牌为主线的品牌建设。经过几年的发展,"正己、爱生、乐教、奉献"的教风、"明礼、守纪、勤奋、自强"的学风和"自尊、理性、超越、和谐"的校风已基本形成。

积极改革创新,办学成效显著。面对现实,我和我的团队坚持"以市场为导向、以改革为动力、以质量求生存、以特色求发展、以规模谋效益"的办学方向,在探索多层次、多形式的办学模式、办学特色上下功夫;通过进行"加强校风建设,规

范学生行为"的任务,经过不断努力扭转了不良的学风和教风,"爱学、乐学、乐教"成为我校的主导风气;同时,按照大力发展职业教育的有关要求,逐步实现学历教育和非学历教育并举、职业教育与产业相结合的办学模式;坚持以就业为导向,实施课程体系改革,构建"必需与实用"的文化基础课和专业技能课,使理论与实践更好地融为一体,让学生在取得毕业证书的同时,也获得了多种职业资格证书。

进一步调整与优化了专业布局,初步形成与上海城市建设和经济发展相适应的三个专业群,并把建筑与工程材料、建筑装饰、机电设备安装与维修三个专业打造成了市级精品专业,并带动了相关专业群的建设;2011年,学校与上海电子信息职业技术学院联合申报并通过机电一体化技术专业中高职贯通,成为上海市第二批中高职贯通培养试点学校,在教学管理中积累了大量的试点经验,2021年,学校已拥有3个中本贯通、7个中高贯通专业。学校先后与上海城市管理学院、上海经济管理干部学院、上海电子信息职业技术学院、上海师范大学、上海上影影视艺术职业学校等院校进行联合办学,取得了很好的效果,积累了丰富的联合办学经验。

学校根据学生自身的特点建立了规范课改体系,开发新的教学内容,充分发挥学生的个人特长,让许多同学在这个过程中培养了学习兴趣并取得了不凡成就。我印象深刻的两位同学:杨意琦,学校08级网络2班的一名学生,他成为学校多媒体工作室成员后,经过培养逐渐成为骨干,能力得到提升,为学校做了许多工作,并在第三届星光计划计算机操作比赛中荣获三等奖,参加上海市中职校物联网技能大赛"联想·企想杯"技能竞赛也荣获一等奖。毕业后,杨意琦在联想公司担任了一线的技术工程师。要达到这样的能力和水平一般情况下需要三年时间,而他却只用了一年。倪佳豪,我校建筑与工程材料专业的学生,他与其他同学代表上海参加全国化工类工业分析技能大赛,获得了团体二等奖(第六名)的佳绩,他自己也获得了一个全国单项第一名的好成绩。毕业后,倪佳豪免试升入上海城市管理职业技术学院学习,完成学业后回到我校从事基建项目管理工作。因此,在课程实施改革过程中有针对性地着力培养学生的创造能力和实践能力,提高了教学实效,最大程度地为学生的发展提供了可能性。

## 五、以追求卓越为目标,实现学校可持续发展

事业的繁荣和发展离不开团队的紧密协作和配合,离不开师生的关爱和支

持,"众人拾柴火焰高",是我的团队给了我智慧和力量,才使我们这个团队和学校集体走上不停步的发展之路。2005年以来,学校先后被评为上海市中小学行为规范示范校、上海市爱国卫生先进集体、上海市安全文明单位、上海市治安保卫先进集体、上海市教育系统先进集体、上海市职业指导和就业工作先进集体、上海市成人教育先进集体等荣誉称号,并连续22年荣获上海市文明单位(上海市文明校园)称号。2009年,学校领导班子被评为上海建材集团"四好"班子,学校被评为全国模范教工之家,我个人获得了上海市"五一"巾帼奖的荣誉。我2011年3月完成名校长培养基地学习,12月荣获2006—2010年度上海市妇女权益保障先进个人,2012年7月获得上海职业教育杰出校院长称号。荣获2017年度上海职业教育年度新闻人物提名奖、2020年上海市教育系统三八红旗手等荣誉。我校在多年的办学实践中逐渐摆脱了甘于平庸的现象,并逐渐形成了勇于追求卓越的良好局面,走上可持续发展的良性轨道。

  未觉池塘春草梦,阶前梧叶已秋声。我与学校领导班子、师生们一路走来,从办学困难的窘境到逐步走上可持续发展的道路,千淘万漉虽辛苦,吹尽狂沙始到金。回望改革之路,我更多的是对自己工作的反思和总结,以期在未来能够做得更好。我深感职业教育任重道远,作为校长,责任重大。学校要好,要发展,校长须得具备大视野、心怀全局,才能站在高点上谋划学校的发展,引导学校成为特色强校。苏霍姆林斯基指出,"校长对学校的领导,首先是教育思想的领导,其次才是行政的领导"。[1] 成功的校长都有着共同的特点:勤于反思,善于总结他人在治校和办学实践中的成功经验和失误教训,反思自己工作中的得失;勤于学习,用现代职教理论武装自己,形成一套行之有效的教育思想;果断决策,围绕学校的发展进行特色定位,深入谨慎思考,从而作出学校的发展目标和规划,并认真组织实施。在职教领域个性化、有特色、有质量的办学效果是学校成名立校的关键。

  享有威望的校长一定是有教育思想的校长。教育是具有前瞻性的事业,因此,校长的思想应先于时代、先于社会,与时俱进,以引领、影响师生、学校乃至社会。校长重要的不是忙,不是点头和摇头,而是提出符合校情的办学思想并转化为成果;校长重要的不是行政指挥,而是思想领导,是永远站在明天来思考学校,

---

[1] 陈志利,张新平.自下而上:苏霍姆林斯基校长学的思维及贡献[J].基础教育,2012,9(04):52—60.

是为学校的明天奠基。校长作为管理的"大总"应达到的水平状态：有学校文化管理思想，以人为本，推动学校建构富有效力的校训、校风、教风、学风、班风等；有较高的管理艺术，促使形成科学有效的学校规章制度，合理组织发挥学校人财物事时的作用；宽严相济，能够调动教职员工的工作热情，能够激发学生的理想抱负、启发学生的自知性、自觉性、自主性、自律性等。

当今的职业学校管理要求校长不断学习，掌握先进理论，更新自身观念，适应现代形势，提高管理效益。一是坚持不断地学习。要阅读各种各类的书籍，了解、掌握、研究最新管理信息，根据职业教育的特点，根据竞争形势，根据学校的实际特点，筛选取舍，为我所用。要注意在学校管理中注入新内容，运用新方法，采取新措施，注入新活力，争创新水平，再上新台阶。二是理论联系实际，坚持改革。学校管理风格是校长精心求索的一种境界。学校要想在市场竞争中站稳脚跟，求得发展，就必须改革。解放思想首先自己要有思想，更新观念首先自己要确立观念，欲为校先首先自己要敢为人先。校长的追求在于超越，只有超越自我、超越环境、超越传统，才能最终实现学校的超越。三是坚持不断创新。创新是发展的动力，创新就是以改革总揽全局，通过有胆有识地不断创新，激发活力，积聚张力，释放潜力。我们要主动与社会对接、与企业对接、与生源对接。职业教育的发展任重道远，每一个从事职业教育的人要肩负起这份责任，要不断学习，勇于探索，为学校的发展尽职尽责。

# 第三章
# 提质：温润智慧办学思想之规范治校

随着学校办学规模的不断扩大，逐步迈入稳定发展时期，一个更重要的问题摆在了我们的面前，那就是如何提高我们的管理能力，进而推进学校治理水平的提升。推进学校治理体系和治理能力现代化是我国全面深化教育改革的必然要求。对于一个学校来说，从"人治"到规范治校是学校突破传统治理模式的关键。面对新时代对学校治理提出的新要求，学校要在传统办学模式基础上，完善内部治理结构、调整治理关系、积极推进学校治理现代化，并需完善各项管理制度。

## 第一节　规范治校的改革设计

著名教育家陶行知曾说："校长是学校的灵魂，精神的汇聚，是师生敬仰和学习的楷模。"校长的教育教学理念、管理经验、智慧胆识、道德修养、个人魅力等对学校发展的意义重大。未来已来，将至已至。如何把握学校的变革方向、引领学校多样化特色发展？如何在办学理念和办学方向上凝聚全校共识而形成学校发展的合力？为此，我们在困难和挑战中尝试进行"规范治校"的改革，寻求创新与突破。

### 一、改革背景：乘时代之风，立学校之范

以 2012 年为始，"规范治校"开始成为我校实践的办学思想，该办学思想的提出恰逢外部环境变化，也顺应学校内部发展的需求。2011 年，国家中长期教育改革发展规划实施启动，在《国家中长期教育改革和发展规划纲要（2010—2012 年）》中，明确提出要大力发展职业教育，把提高质量作为重点，增强职业教育的吸引力。[1] 同

---

[1] 教育部.《国家中长期教育改革和发展规划纲要（2010—2012 年）》.（2010 - 07 - 29）[2020 - 12 - 20]. http://www.moe.gov.cn/jyb_xwfb/s6052/moe_838/201008/t20100802_93704.html.

时,上海市职业教育"十二五"规划也于2012年正式启动,面对生产技术的大幅变革对职业教育人才培养质量提出的新要求、经济社会发展的新形势对职业教育体系建设提出的新挑战,面对城市发展的国际化、信息化进程给职业教育的发展带来的新机遇、区域经济的整合与联动给职业教育的发展提出的新课题以及实现创新驱动、转型发展对提升职业教育的服务功能提出的新需求,提出上海职业教育要遵循"做精、做特、做强"的发展方向,"总体规模稳步发展、示范骨干院校建设逐步推进、实训基地能级不断提升、专业和课程建设持续深入、师资队伍建设更加优化、现代职教体系建设逐步完善"的具体目标。

2012年对于上海市材料工程学校而言,也是一个划分学校发展阶段的关键之年。学校于2011年划归上海国盛集团科教投资有限公司,各项工作在这一年里要进行初始磨合及逐步理顺,同时这一年也是学校实施内涵建设,全面提升教育教学质量,创建上海市示范性中等职业学校的关键之年。2012年,学校在国盛集团、市教委的领导下,紧紧围绕年初制定的"以贯彻落实内涵、提升项目为抓手,积极创建有特色的示范性中等职业学校;以构建平安健康校园为载体,争创上海市文明单位七连冠"的目标,坚定教育改革创新,实施内涵发展战略,全面提升教育教学质量,推动学校可持续发展。这一时期所提出的"规范立校"的办学思想,是在之前学校稳步发展的基础之上对下一阶段学校发展提出的总的发展目标。

## 二、目标规划：管理有序、保障有力、决策有据、推广有效

无目标的努力,有如在黑暗中远征。要想获得改革的成功,目标的规划尤为重要,因此,我和学校领导班子在对学校整体发展状况进行客观的评估后,以"规范立校"办学思想为引导,设立了这一阶段的目标,主要体现在四个方面,即管理有序、保障有力、决策有据、推广有效。其中,"管理有序"的目标具体表现为要健全与人才培养模式和规格相适应的上海市材料工程学校运行管理体系及相关工作流程和工作标准,有效控制学校运行和管理的关键环节,提高学校管理的效能,保证学校运营的规范有序。"保障有力"的目标具体表现为要建立现代化学校管理机制,健全职能部门,使学校良性发展。"决策有据"的目标具体表现为通过有效的程序管理、标准控制、数据分析,为学校科学决策和质量持续改进提供可靠的依据。"推广有效"的目标具体表现为通过实施上海市材料工程学校运行标准化

管理系统,形成具有中职学校范畴中的示范效应,能在中职学校中具备极大的推广价值。通过这四个方面目标的达成,完成这一阶段学校进一步的内涵建设与质量提升。

## 三、方案设计:目标在规划中落地

多年的工作经验告诉我,校长是一所学校的灵魂,校长在学校办学中所体现出来的教育理念、专业知识、管理技能和人格魅力将深刻地影响学校的发展。我深知作为校长,管理能力尤为重要,而管理能力主要体现在对事务及人员的计划、组织与控制上,而计划,则是管理工作之先。因此,在确定目标后的首要任务就是要制订出一份科学合理又有具体可落实的计划和行动方案。主要分为宏观层面和实践层面,在宏观层面上,健全与人才培养模式和规格相适应的上海市材料工程学校运行管理体系,明晰机构设置、岗位职责,建立完善的考核体系;在实践层面上,制定相关工作流程和工作标准,有效控制学校运行和管理的关键环节(涉及人、财、物的内控体系),最终提高学校管理的效能。

### (一)建立学校运行管理体系,制定学校办学章程

根据上海市教委对中职校的评价标准,结合我校的实际情况,在全体成员的共同努力之下,建立了学校运行管理体系,制定了严格详尽的办学章程。自此以后,每个独立的管理体系中都有完整的管理科目、对应的工作模块、内容及监控点和相关工作职能部门;体系与体系之间又有科学的关联。由此,综合所有体系使之能全覆盖整个学校的运行管理内容。其中,教育教学管理体系能确保本校的人才培养规格符合上海现代化国际大都市的产业结构调整需求,并支持本市先进制造业、现代服务业、战略性新兴产业,以及"四新"(新技术、新产业、新业态、新模式)和劳动力市场发展变化所需要的高素质劳动者和知识型、发展型技术技能人才要求,同时也确保培养的人才具备较好的职业转换能力。

### (二)梳理学校各部门岗位职责,厘清各项工作流程

一个学校的良好运行离不开每个部门的高效运转,而各个部门高效运转的前提则是明确各自的职责与工作流程。为此,我将所建立的体系中的要素匹配到部门中去,生成与体系要素相匹配的部门和岗位职责,保证学校运行体系的内容在

部门中得到有效落实。通过厘清岗位与流程关系，在各职能部门的工作模块和工作内容中体现该职能部门和相关岗位的目的、责权、协同和条件等不同功能，使各职能部门工作职责既独立明确，又有机合作，消除组织、岗位变动对流程的影响，有效地支持学校组织变革，更为工作流程和标准的自动生成奠定基础。此外，实行岗位工作手册制度，岗位工作手册包含了执行标准化流程所需的全部要求，包含了岗位工作相关的全部要求，通过流程管理平台可自动将岗位手册转化为工作标准，保证岗位标准是岗位业务执行和考核的依据，并能够随岗位、业务的变化实现工作标准的便捷、动态调整。

### （三）建立学校运行管理工作标准化系统，提升学校管理效能

有科学合理、现代性的运行机制，才能让办学思想顺利施行。通过制定和完善具有上海市材料工程学校特色的学校运行工作流程、工作标准和操作手段，提供工作标准化系统总体设计，实现跨部门端到端流程贯通、本部门末级流程接口衔接；提供优化流程，确定业务管理目的、管理逻辑、关键控制点、工作支持文件、关键性能指标及决策支撑分析科目、业务标准及管理要求，以适应学校特色的人才培养模式需求，促进学校管理的科学化、制度化、规范化，为提高本校管理水平提供综合保障策略和方法。

### （四）完善学校各类管理制度，建立人力资源管理技术标准

梳理与体系相对应的管理制度和操作标准（包括业务阶段、操作要求等），形成学校技术规定，成为管理标准、工作标准的有力补充。将管理标准、工作标准、操作标准与业务高度融合，使得标准化系统落地。通过实施管理制度、标准、流程一体化解决方案，可以将非结构化的制度以及标准文件转化为结构化数据，在企业实施标准化的平台中实现对制度、标准内容的管理。将制度、标准与流程进行匹配，可实现"三大"标准基于流程的协同。完善学校教职员工管理机制，健全现代化人力资源管理制度和方法，建立一套与事业单位人事管理条例相匹配的学校人力资源管理技术标准（包括岗位分析、工作量分析、定岗定标标准、绩效考核评价标准等），生成各岗位工作职责，并制定匹配上海市材料工程学校的绩效激励机制。以此将教师的职业发展与学校的发展紧密结合起来，形成上海市材料工程学校特有的文化和办学理念。

## 第二节 规范治校的改革措施

一个学校的良好发展离不开强有力的规范,规范是治校的依据和工具。为了实现规范治校,我主要从教学管理、专业建设、教师管理、学生管理、校企合作五个方面实施了具体的规范举措。

### 一、教学管理

教学管理是规范治校改革中的重要部分,针对学校教育教学活动进行规范治理,是办学思想真正落地的关键阵地。因此,我校以加强课程体系改革为核心,以实施教学诊改运行机制为重点,进而完善教学质量保障体系。同时兼顾过程管理、监控管理、质量管理,营造良好的管理生态。

#### (一)过程管理:加强课程体系改革,提高课堂教学成效

为确保课程体系改革的顺利进行,学校此前特颁布《课程体系改革实施意见(2010年版)》,坚持"以服务为宗旨,以就业为导向"的办学方针,努力贯彻上海市教委颁布的专业教学标准,积极探究课程教学方法改革,本着"必需、够用、实用"的文化基础课程改革原则,坚持"宽基础、强能力"的育人本位,实施基础课程分层教学,夯实学生的文化基础知识,提高学生适应社会、适应企业的本领,促进学生综合素质与职业素养的提高,从而构建学校科学的课程体系。2018年《国家职业教育改革实施方案》颁布后,学校把培养目标调整为"培养职业精神强、文化基础厚、专业技能过硬、信息素养优的技术技能人才",以适应中职学生的终身发展。

**1. 了解市场需求,及时调整培养目标和培养方式**

学校各专业教学本着一专多能的培养目标,学生在学期间加强职业技能培养力度,实施职业资格认证工作,依托学校建材培训中心,为学生提供化学分析工、数控、电工、工程管理员、装饰设计、计算机网络技术、电子商务、计算机多媒体、国际商务业务员等初中级的培训与认证工作,促成学生能够获得行业及劳动局职业资格证书,同时在各个专业里开展英语初级、计算机初级、建筑CAD、机械CAD、英语口语、物流员等相关多种技能考试,学生毕业时通常都能拥有2—3张技能证书,为学生就业与择业提供了保障。另外,我们必须及时掌握市场的真实需求,才

能在人才培养调整上作出最正确的判断。我校通过多种渠道积极开展市场调研：定期走访企业，了解单位用人岗位能力需求；每年开展校企合作研讨会，注重校企双方信息反馈；及时收集人才中介公司发布的用人信息与岗位要求，分析梳理各种材料，促使学校在教学中不断调整课程设置与教学要求，做到培养的学生能紧贴社会需求，能满足岗位要求。

### 2. 改革教学与评价方法，提高学生的学习积极性

近年来，教学与评价方法的研究与改进逐渐成为我校实行教学改革的重要举措。我校积极推进学生课程学习的评价方法改革，先后有近20门课程实行项目教学法，对学生学习成绩的评价也是利用项目评价法。新的评价方法更加关注学生的个体发展，注重学生综合素质的提升，促进学生全面发展，体现评价内容、主体和方法的多元化。实践证明，项目评价方法对学生学习的鉴定更加科学，更加适合学生的成长、成才，通过评价方法改革分解了学习任务，减轻了学生期中、期末大考的压力，增强了学生学习兴趣与信心，教学效果得到了提高。在推行"做学一体"的任务引领和项目教学等教学方法后，学校于2010学年完善了《关于进一步加强改革学生考核方式的实施意见》，提高学习过程表现在评价结果中的比重，着重考查学生的实际操作技能，平时成绩由占10%提高到占总评成绩的30%。在德育等课程评价考核中，提倡采用综合测试、应用答辩、写论文、调研报告、开卷考试、口试，结合日常表现等多种形式，进一步深化了学校课程教学和考核改革，有效促进了教学质量的提高。

### 3. 全方位关注课堂教学，提高课堂教学成效

此外，为了提高课堂教学效果，提高课堂效率，学校一直以来高度关注课堂情况，并提出聚焦课堂，通过督导巡查、三级听课网络来全方位关注课堂，全面、客观、真实地评价课堂。学校督导由学校教学研究室、教务处、学生处三部门组成，负责督查学生课堂情况，每天专人负责巡视检查，每周汇总情况，特殊情况及时沟通，由相关部门及时处理，较好地发挥了监导职能，维护了学校课堂教学秩序；三级听课网络由学校两级领导听课、督导听课、专业科长听课，负责检查教师课堂教学情况。两级领导听课是体内监控，由学校督导直接负责排表，并及时统计汇总听课情况与反馈意见，学校外聘资深教育专家对教师课堂教学进行随机督察，课间第一时间对课堂进行点评，起到了较好的指导作用，这两项听课评价都直接关

系教师业务考核与绩效评价,而各专业科长听课则更直接地关注教学方法与教学改革的探讨与研究,通过听课、评议、完善、改进,切实有利于教师教学能力与业务水平的提高。三级听课对于了解学生学习情况,培养学生好的学习习惯,建立良好的班级学风起到较好的促进作用。

### (二) 监控管理:信息化手段监控,探索教学诊改机制

《国家中长期教育改革和发展纲要(2010—2020年)》中明确提出要建立健全职业教育质量保障体系,随后教育部、财政部也颁布一些行动计划和政策文件指导中等职业学校进行教学诊断与改进,而后出台的《上海现代职业教育体系建设规划(2015—2030年)》以及上海市"十三五"规划针对职业教育提出的主要工作和重点任务也表明,加强中等职业教育的质量管理、开展学校和专业诊断改进工作是职业教育阶段发展的要求。在大的背景环境之下,学校立足校本发展的实际,对照标准制定目标和规划,自我剖析问题,不断检查改进,以达到质量提升、特色发展的学校办学目标。

#### 1. 发现问题,进行系统设计

诊改工作计划一经确立,学校就着手开展相关工作,在对照标准进行学校自我问题的审视中,发现了几大短板问题,如岗位设置和工作职责调整不及时、工作标准不完善、流程不清晰、信息化管理的顶层设计做得还不够。针对以上问题,学校的主要管理人员认识到,要想深化职业教育内涵发展,加快培养知识型、发展型的技能人才,学校需要在今后发展中形成一整套以学校目标、方针为中心,以法律法规及国家标准、行业标准为依托,以教学标准为主体,以管理标准为支持,以工作标准为保障的"学校运行标准化管理系统",在教学质量评价管理、专业结构建设与专业设置、教职工队伍管理、后勤服务保障等各个方面予以全面推广、落实,以适应国家对学校整体环境建设的要求,并不断提高中等职业学校的科学化管理水平及办学质量要求。要建立"领导重视、组织落实、体系完善、流程清晰、标准规范、全员参与、全程实施、信息反馈、过程监控"的学校运行管理标准化机制,实现依法治校、固本强基,提升学校内涵建设的专业性和科学性,真正做到以制度管人、以规范做事、用完整科学的管理办学。为此,学校梳理规章制度文件275个、管理流程161个、评价考核方案55个、岗位职责77个,初步构建了包括目标、标准、流程、评价等质量保障体系的相关要素。学校主要围绕以下六个方面推进项

目工作,其一,建立、完善学校运行管理体系,制定学校办学章程;其二,梳理、规范学校所有部门和岗位职责;其三,建立学校运行管理工作标准化系统;其四,梳理学校各类管理制度;其五,建立完整的人力资源管理技术标准;其六,建立岗位工作手册。

2. 制度先行,规范标准与流程

首先,学校重新明晰了组织架构、各部门工作职责、工作职能以及岗位职责,绘制公示了组织架构图、工作职能分析图、部门职责分析图、岗位职责分析图。针对各部门职责、工作职位进行了详细的划分和说明,严格规范了工作流程和工作标准,并将数据采集功能运用在部门职责、岗位职责中,此外,还运行了标准化项目管理平台。

为了更好地适应学校从以规模发展为目标向以内涵发展、提升质量为目标的转变,紧紧围绕加强专业建设与发展,突出课程教学改革,学校提出成立各专业科,在学校教学管理机构设置材料、机电、装饰三大专业群。这样无疑使得科室工作开展管理更加有效,监控更加直接,指导更加细致,科室制定工作目标与计划更

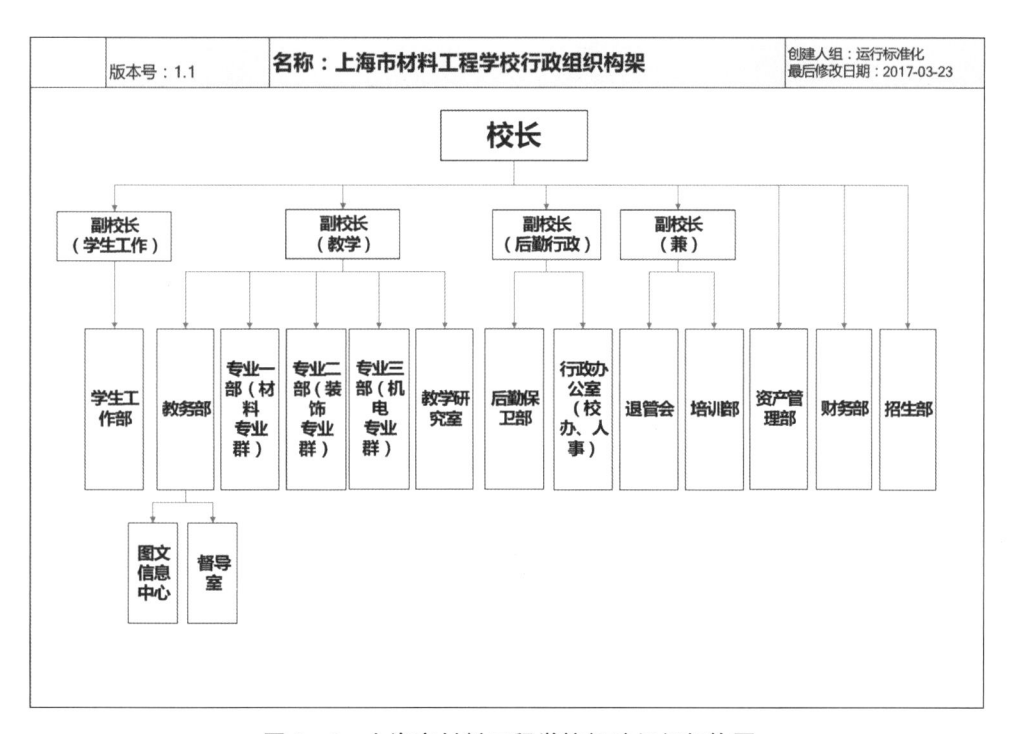

图3-1 上海市材料工程学校行政组织架构图

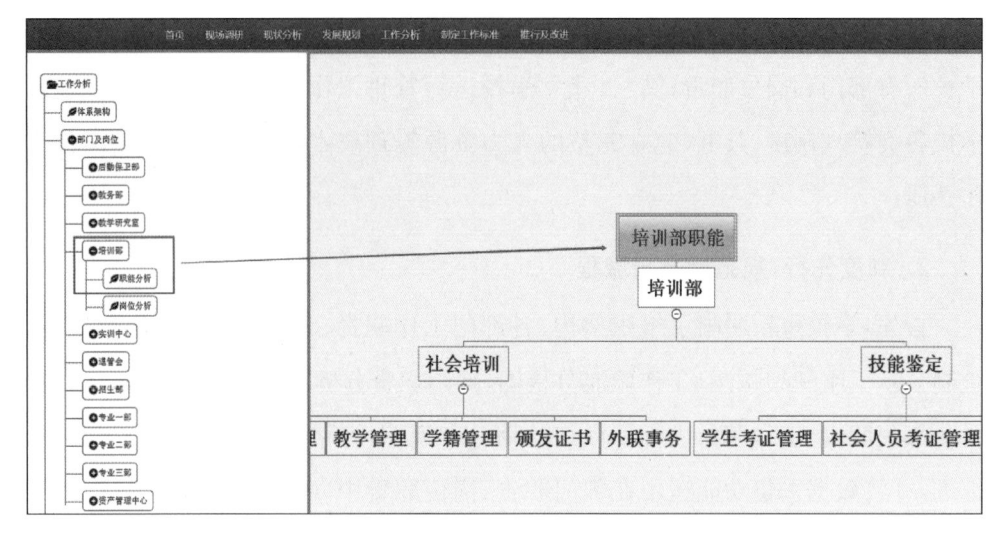

图 3-2　上海市材料工程学校工作职能分析图

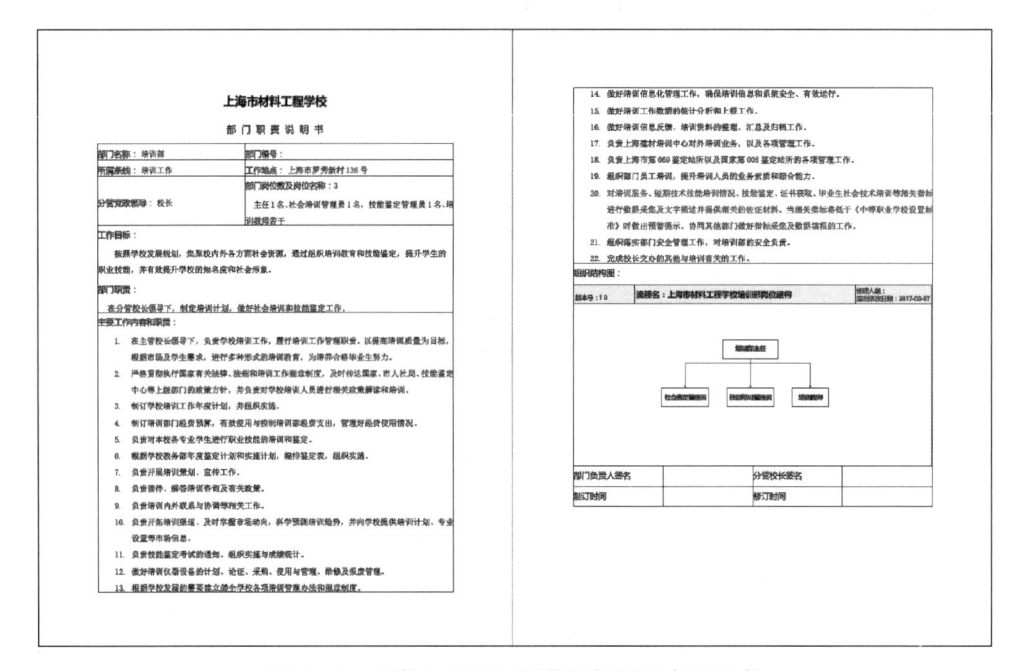

图 3-3　上海市材料工程学校部门职责说明书

加具体化,同时各科室之间建立考核竞争机制,无形中使各项工作有了相互促进作用,通过阶段性的运作各科室工作有序、有效地开展,尤其在专业建设方面各科室都能在前面改革基础上有新规划、新进展,并能初见成效。有了新的教学管理运行机制,保障了学校提升内涵、狠抓教学质量,促进专业发展。

在项目建设的后期,学校将主要工作重点置于深化行政事业单位内控体系建

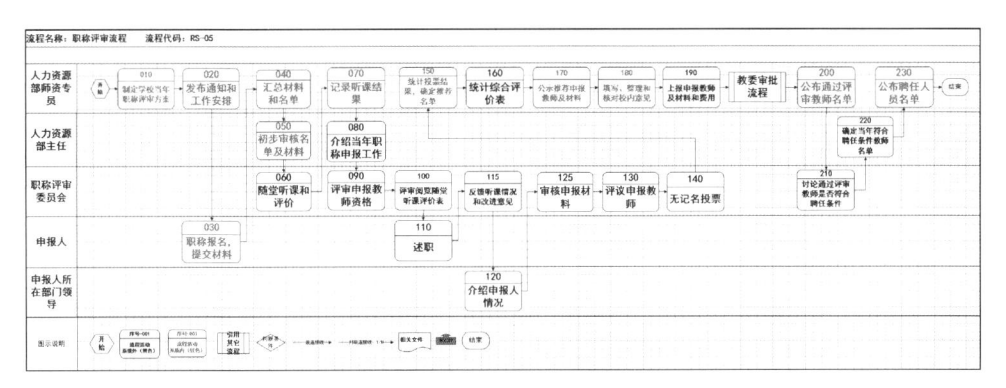

图 3-4  上海市材料工程学校职称评审工作流程图

设上,同时兼顾组织控制、预算控制、会计控制、审计控制。首先,改善行政事业单位管理者的管理理念和方式,让更为先进的管理理念和方式为学校诊改与管理提供正确的方向性指引。其次,规范设置内部机构,明确职责权限,将权责落实到责任部门。让一切工作事务做到工作过程透明、工作权限明确、工作问题可追溯,确保工作开展的效果和效率。再次,培育工作人员积极向上的价值观和社会责任感,强化风险意识。最后,注重员工招聘、培训、考核与奖励制度与流程建设,全方位提高员工素质。由此,学校严格把控行政事业单位内部控制要素,包括单位层面的内部控制要素和业务层面的内部控制要素,在组织机构、工作机制、关键岗位和关键人员、会计系统和信息系统方面进行严格把关,同时注重各项业务的质量保障,如预算业务、收支业务、政府采购、资产管理、建设项目、合同管理等。

### 3. 积极完善诊改工作机制,促进教学诊改工作

借鉴质量管理理论,我校从顶层设计开始,将诊改工作列为一把手工程。学校成立了领导小组,由校长、书记任双组长,统筹规划、组织协调、管理与推进学校教学诊改工作,并联系诊改专家组。成立了质量管理办公室,设立工作小组,负责教学诊改工作的制度设计、工作计划制订,推进并全面监督协调各个方面的诊改工作。立足校本发展的实际,对照学校五年规划制定目标,勇于自我剖析问题,邀请专家到学校把脉,共同研讨改进策略,以达到质量提升、特色发展的学校办学目标。在质量控制的过程中,目标考核是非常重要的一环。因此,学校一方面注重行政工作层面上的检查反馈,以学校制定的年度十大目标为基础,每个部门在每一学期都依照实际情况制定切实可行的目标,并提前计划为达成目标要采取的措施,然后每一学期末针对该阶段所取得的实际工作成效对照目标,进行检查反馈。另一

方面,学校加强在专业教学自主诊断层面的自查反馈。为此,每一专业在每一学期末都会根据该学期专业教学工作的实际问题进行反思,并生成自主诊改报告,以明晰该阶段内的得失,大大提高了教学诊改工作的成效。

### (三) 质量管理:坚持全面质量管理,完善教学质量保障体系

有位老教育工作者曾说:"办学质量,从人的因素上说,学生加教师加领导是高质量;从管理要素上说,人力、物力、财力、时空、信息资源相加是高质量。"因此,我校借鉴全面质量管理的原则,侧重于中职学校内部质量监控,通过探索实施教学质量的全面管理,聚焦课堂,注重内涵,目标管理与过程控制相结合,有力地促进和保证了学校教学质量的不断提高。

#### 1. 教学质量管理的原则

首先,学校坚持全员参与的原则。学校将内部人员和外部人员都作为达成学校教学质量目标的根本,因此,在管理的过程中注重兼顾多方利益、听取多方声音,将多方主体纳入质量监管的体系之中。其次,学校坚持过程管理原则。在此原则的指导下,学校把教学工作以及构成影响教学工作的资源和活动都作为过程来管理,以便更高效地得到期望的结果。再次,学校坚持系统管理原则。该原则的基本要求是将相互关联的过程作为系统加以识别、理解和管理,这样有助于组织提高实现其目标的有效性和效率。因此,学校不断调整质量管理过程中的诸多元素,例如管理者、教师、学生以及课程、教学等之间的良好协调。最后,学校坚持持续改进原则。学校将持续不断改进质量的意识和行为变成学校新的质量工作规范,在不断地改进中提高教学质量的水平,完善教学质量保障体系建设。

#### 2. 教学质量保障体系总框架

在质量管理原则的指导之下,学校构建了教学质量保障体系总框架。在总框架之中,建立了由培养目标系统、培养过程系统、培养质量系统共同组成的教学质量保障的目标体系。同时,由校、专业群部、教研室构成三级监控组织,根据管理的职能,在不同层面上实施质量保障,在组织体系上确保了教学质量的有效监控。此外,还建立了包含教学信息监控、教学监督监控以及目标管理的方法体系。在制度体系中,由听课制度、学生评教制度、老新教师带教上岗制度以及与质量奖挂钩制度共同构建了保障教学质量的坚实基础。最后,学校还建立了有效的信息反

馈系统。学校研制了学校内部教学质量评价标准,对教学关键环节的数据进行实时采集,比照质量标准进行分析,以可视化的数据呈现方式,及时反馈和预警教学工作状态,为教学管理调控和教师评价考核等全方位、全员性和全过程的教学质量监控提供技术支撑和全面客观的决策依据,形成并完善了全过程、实时化监控的教学质量管理系统(图 3-5)。

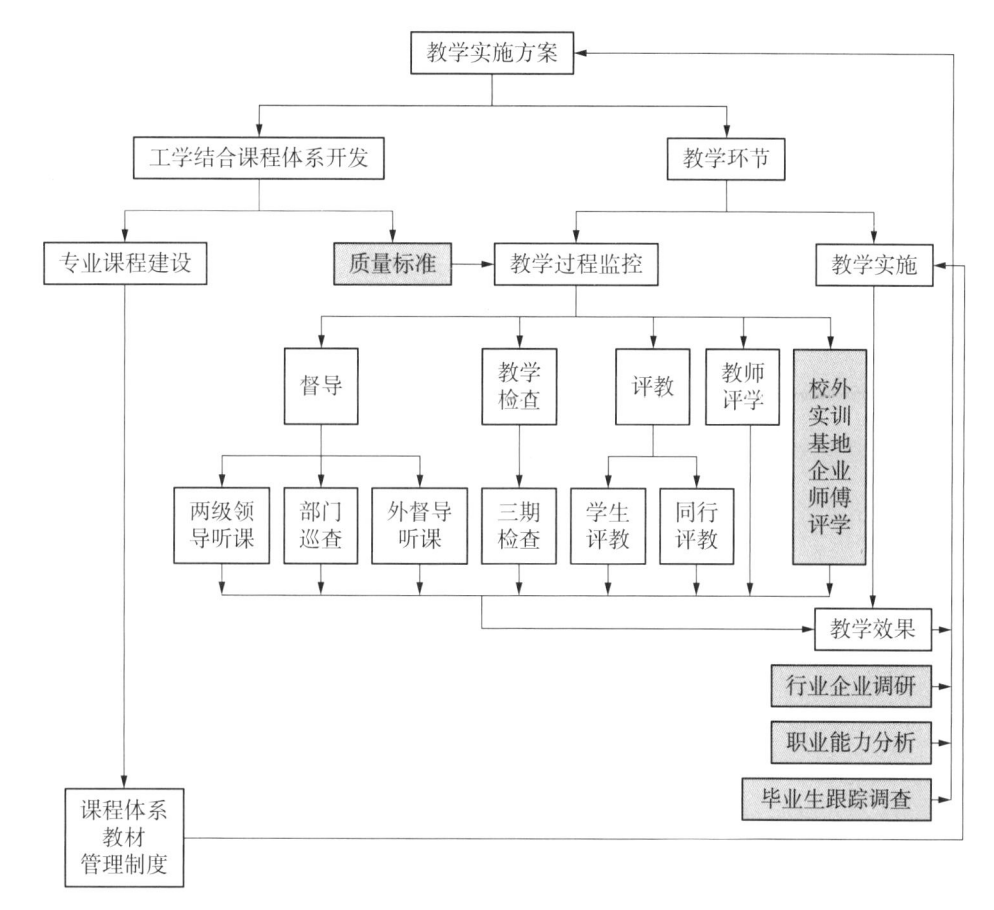

图 3-5 教学质量管理系统

### 3. 兼顾目标管理与过程控制

其一,调整优化人才培养目标体系。2010 年学校围绕"建筑与工程材料"特色,进行了专业调整优化,确立了专业格局,依托建筑建材行业产业链,围绕三个重点专业分别建设三个专业群,每个专业群建设一个中高职贯通专业,根据市场需要适度发展延伸专业、新兴专业和交叉专业。其二,转变教育观念,提高全员质量意识。拓宽教职工的视野、更新教育教学观念,提高思想认识水平,增强教职工

"教学质量生命线"意识。其三,实施目标管理,推进专业建设。对专业布局优化、重点专业建设、精品课程、实训中心建设、市级专业标准编制、数字化校园等项目实施目标管理,有效推进了专业建设。在教学管理中设立双师率、双证率、就业率等关键量化指标,将量化指标设为目标,进行目标管理,有效提升了教学质量。其四,强化过程控制,聚焦课堂抓质量。通过机构调整与制度建设聚焦课堂,坚持常抓不懈,避免学生掉队,采取重修的方式提高部分后进学生的学习质量。其五,强化质量管理意识,建立一支高水平的教学管理队伍。一方面,学校注重强化教学管理人员质量管理意识和敬业精神,通过提升教学管理人员的质量意识来保障相关工作的顺利开展。另一方面,加强教学管理人员的业务学习与培训,不断提高教学管理人员的业务素质和业务能力。总之,借鉴企业全面质量管理理念,发挥每一位教职员工的作用,全员参与,全程监控,实施全面管理,几年来在全校形成了爱岗敬业、乐于奉献的良好工作氛围,完成了当年制定的质量目标,工作质量、教学质量较制定质量目标初期有了"质的飞跃"。

#### 4. 信息化的教学质量监控系统

围绕办学定位和人才培养特色,学校研发并实施了全过程、实时化教学质量监控系统。该系统凭借学校内部教学质量评价标准,借鉴质量管理理论中的 PDCA 模式,通过计划、执行、检查、处理顺序的循环设计,在学校现有综合管理信息平台基础上,开发运行专门的教学质量监控管理软件,对教学关键环节的数据进行实时采集,比照质量标准进行分析,以可视化的数据呈现方式,及时反馈和预警教学工作状态,为教学管理调控和教师评价考核等全方位、全员性和全过程的教学质量监控,提供技术支撑和全面客观的决策依据。[1] 该系统运行顺畅,显著提高了学校技能型人才培养质量,促进了教师教育教学能力提升,提高了教学管理效率,在全校范围内形成了主动追求质量改进和提升的文化氛围,也为同类院校提供了经验借鉴。

## 二、专业建设

在此次改革中,我们投入了较多的精力在学校的专业建设上。在经济转型、产业升级的背景下,中等职业学校面临着从办学规模扩张向教学质量提升、由粗放

---

[1] 徐礼丰.基于PDCA循环高职院校内部教学质量监控体系的构建[J].中国成人教育,2015(05):34—36.

型外延式发展到集约化内涵式成长的蜕变,而建设品牌专业无疑是实现这一蜕变的生长点。因此,在这一理念的统领下,我校开始针对专业建设进行了改革与行动。

### (一) 面向区域产业发展,协同布局专业结构

职业教育专业建设与产业发展匹配是保障职业教育协调发展的必然路径。我校地处上海徐汇区,得益于这一优良的地理位置,理应适应区域发展状况,面向区域产业协同布局专业结构。根据《教育部办公厅关于印发〈中等职业学校专业设置管理办法(试行)〉的通知》(教职成厅〔2010〕9号)以及《上海市中等职业学校专业设置管理实施细则》要求,根据上海市行业经济社会发展对人才需求的变化,

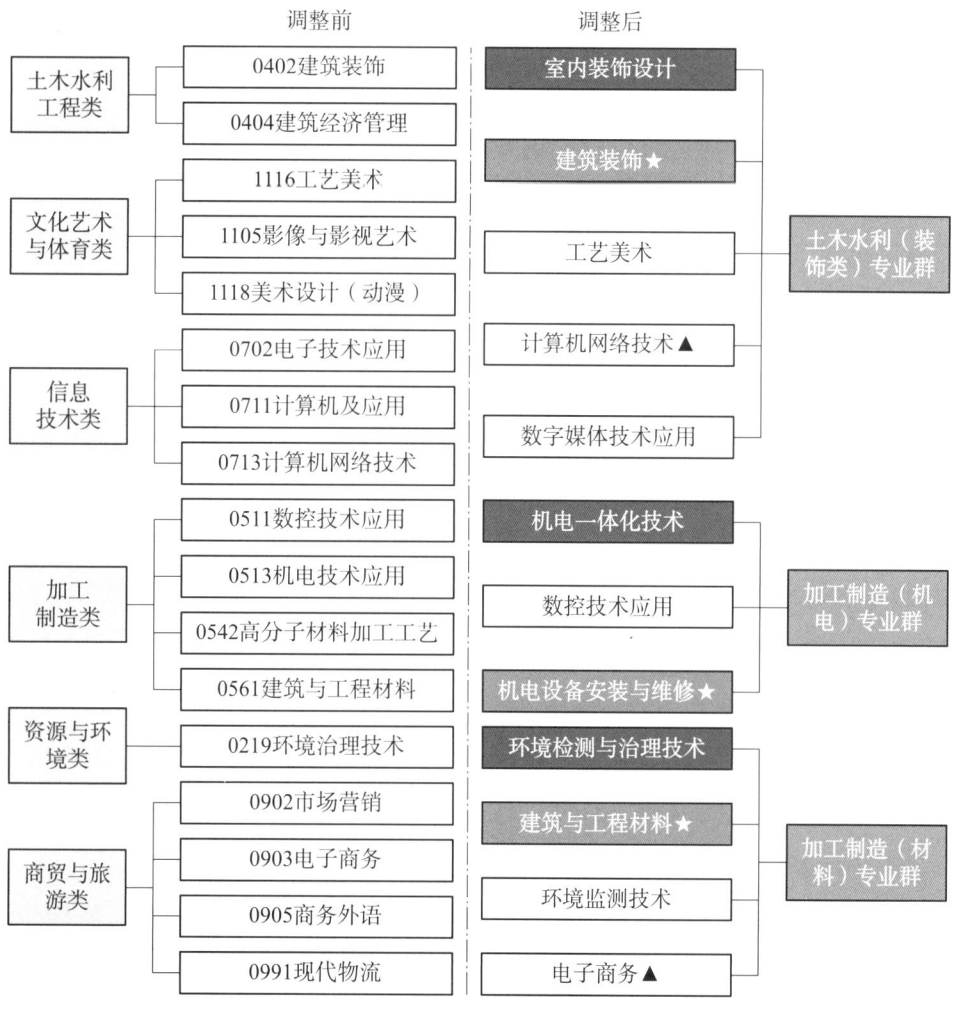

图3-6 2010—2019年专业设置与结构调整图

科学规范地对专业进行设置和调整,以不断提高专业教学质量和服务经济社会发展的水平。在此过程中,学校以科学发展观为指导,以就业为导向,以改革创新为动力,适应上海率先转变经济增长方式、率先提高自主创新能力、率先推进改革开放、率先构建社会主义和谐社会的需要,适应建设国际经济、金融、贸易、航运中心和社会主义现代化国际大都市的需要,适应加快现代服务业和先进制造业发展、形成现代服务业与先进制造业相互支撑、相互带动的产业发展格局的需要,适应区域经济和各行业对生产服务一线知识型、发展型技能人才培养的需要,适应学生职业生涯发展和终身学习的需要,围绕"建筑与工程材料"特色,进行了专业调整优化,确立了专业格局,依托建筑建材行业产业链,围绕三个重点专业分别建设三个专业群,每个专业群建设一个中高职贯通专业,根据市场需要适度发展延伸专业、新兴专业和交叉专业。

### (二)依据专业教学标准,落实课程与教材建设

近年来,我校注重课程与教材改革实践的推行。以机电专业为例,该专业以加拿大的 CBE 模式来培养学生。该模式强调的是职业或职业岗位所需能力的确定、学习和运用,因此,机电专业坚持课程内容以职业分析为基础、学生的考核标准由行业要求决定、完善教学系统允许个性化学习、注重对学生的学习水平即能力水平的培养。[①] 在改革中,打破了传统的"三段式"教学模式,按照工作岗位的需要,注重学生技能的培养,采用理论与实训一体化同步教学模式,学生在第三年在学校的实训工场进行理论与实训一体化同步学习,经过一年的一体化教学参加上海市劳动局的维修电工中级工考证,培养的学生基本能"零"距离上岗。根据 2004 年及 2005 年上海市维修电工职业资格鉴定情况,更好地满足教学和考证需要,机电教研室立足职业教育人才培养目标,遵循主动适应社会发展需要,突出应用性和针对性,加强实践能力的培养及实验指导,2006 年组织教师开发了 2 本校本教材,即《电工基本操作工艺》《可编程序控制器实用技术》。2009 年 2 月,机电专业又开发了将理论知识和应用技能整合在一起,以就业为导向的项目式教材《电子技术及应用》和《可编程控制器技术》。而后,随着教学改革的深化和执行专业标准的需要,课程的实例、实训和主要的课堂活动都要紧紧围绕职业能力目标来实现,尽可能取材于职业

---

① 陈艾霞.职业教育课程中引入 CBE 模式研究[J].职教论坛,2014(11):63—67.

岗位活动和实际工作流程,以此改造课程的内容和顺序,既要回避学生基础薄弱这一环节,又要突出课程实践性和应用性的特点,有利于学生职业能力的培养。

### (三) 立足多维度评估,推动专业内涵发展

建立多维度评估,是中等职业学校教育教学质量保证的重要组成部分,也是促进专业内涵建设的有效途径。它对中等职业学校专业建设具有鉴定、梳理、诊断、促进以及决策参考几个方面的作用。多维度评估从不同层面、不同主体、不同角度对学校教育教学进行评估。因此,我校通过发挥多维度评估的导向作用,推动专业内涵不断丰富(表3-1),主要从专业定位、专业师资、课程资源、实训中心以及校企合作几大方面开展。

表3-1 多维度评估项目及指标

| 多维度评估项目 | 对接专业内涵指标 | 做法及成效 |
| --- | --- | --- |
| 上海市中等职业教育改革发展特色示范校建设验收评估 | 专业定位 | 督使学校各专业的定位更明确,逐渐形成精品特色专业领头、中本中高职贯通专业支撑、其他专业跟进的专业群的格局 |
| 中高职、中本贯通试点专业遴选评估与教学质量跟踪检查评估 | 专业师资 | 为教师提供多途径培养,如鼓励学历进修,提供条件进企业实践,培育双师型教师,在教师引进时会考虑学历、教师资格、企业工作经历等 |
| 2010—2014年上海市中等职业学校教学质量评估 | 课程资源 | 学校从多层次打造课程资源,如市级课程、校级课程、一般课程。从课程内容上有精品课程、网络课程、课程资源库、实训教学资源等不同重点课程资源 |
| 2013—2015年上海市中等职业学校精品特色专业建设验收评估 | 实训中心 | 实训中心为了提升能级,在管理上进行规范化、信息化管理,并进行行业产业调研,不断调整培训内容,推动实训中心走可持续发展之路 |
| 上海市职业教育开放实训中心建设验收评估 | 校企合作 | 校企合作机制、数量、内涵等。为此,学校在校企合作机制、合作模式等方面进行了深入探索,建立了生产型联合实验室、企业培训岛等模式,创设了"定岗跟单"的人才培养新模式 |
| 上海市职业教育开放实训中心运行绩效评估 | | |

作为上海市首批示范校建设单位，基于示范校验收评估指标，我校投入大量的人力、物力、财力(投入示范校建设总经费超过50%)重点打造专业建设。借评估契机，建筑与工程材料专业经过两年的建设，从之前侧重水泥、玻璃等无机非金属材料的生产，调整为材料检测、工程应用等集生产、检测、管理为一体的方向，不仅拓宽了毕业生就业范围，专业更聚焦于服务上海市建材、建筑行业的发展，专业人才培养目标、培养方案更接近社会需求。通过中本贯通专业遴选评审，促进了该专业与上海应用技术大学材料科学与工程(建筑节能材料)专业中本贯通试点，专业进一步聚焦到为产业升级转型带来的对应用型技术人才规格需求产生的变化上。通过重点专业、精品特色专业、实训中心验收评估，专业教学改革不断深化，实训中心建设不断升级，从三星到优秀级，打造成上海唯一以材料为核心的开放实训中心。专业内涵的师资指标，也是多维度评估的重中之重。借评估契机，"建筑与工程材料"专业从专业带头人、专业教师带领学生参加竞赛所获荣誉、教师课程资源建设、科研能力等方面对教师队伍进行纵向培养；从教师队伍的学历、职称、双师等方面对教师进行横向打造，到目前为止该专业已建成一支教学能力、课程资源建设能力、科研能力强大的师资队伍。通过加强师资队伍建设，从而推动专业内涵式发展。

## 三、教师管理

### （一）坚持分类管理，完善教师队伍建设

学校师资队伍建设以"按需设岗、优化结构、分类引导、规范管理"为原则，坚持"以人为本、人尽其才、才尽其用"的理念，以构建适合各类教师职业发展道路为直接目标，以强化岗位管理、突出绩效考核为工作重点，合理制定与实施了各类教师培养的规划与工程，使得各类教师的积极性和创造性得以充分发挥，从而实现人才资源的合理配置与人才使用效益提升，保证学校教师团队的质量。

#### 1. 专业(学科)带头人培养工程

专业带头人的选拔和培养是教学团队建设过程中的关键环节，带头人的水平关系着专业发展的方向。制定名师培养计划及阶段性目标，明确发展方向及途径，配套保障政策，创造良好的教学和科研条件，并且做好名师工作室履职考核工作。对于50岁以下，具有高级职称的优秀教师，通过开展市级以上课题研究、举

办教师个人教育思想或教学方法研讨会、参加国内高层次学术交流活动及支持他们出版教育教学专著等形式，促使他们进一步成长为具有广博、深厚的教育理论素质和精湛的教育教学艺术，掌握国内、外教科研的发展动态，带动本专业教育教学改革和发展，在教书育人和教育教学研究方面成就卓著的名师和学科带头人。

### 2. 骨干教师培养工程

对于 35 岁以下、具有中级以上职称的骨干教师，采取提升学历，选送教师参加各级各类培训，并且在名师的指导下，通过开展市级课题研究，在相关专业开展实践性教学等，促使他们尽快成长为专业建设中的骨干，成为具有系统的教育理论基础和丰富的教科研实践经验的教学能手，能够独立胜任专业教学和实训教学，参与课程建设和教材编写。每学期每位骨干教师开设一次与教育教学相关的专题讲座，加强教师之间的交流，取长补短，充分发挥骨干教师的优势辐射效应，以经验和行为的引领来提升全体教师的专业素养；通过各个教研组教师互相学习交流经验，提高教研组教师队伍素质、教学水平和综合实力。

### 3. 新进（青年）教师培养工程

我校实施"以老带新，以新促老，师徒结对，共同提高"的"青蓝工程"。教研组、专业部以及教务部等形成合力，共同加强对新进教师的关心，帮助他们做好职业规划，为他们提供更好的成长空间。通过以老带新、传帮带、多听课、多学习等途径来提升经验。进校未满三年的青年教师安排一名名师或骨干教师作为"导师"，充分发挥"传帮带"作用，重点对青年教师进行师德素养的培育、教学过程的优化、教学科研及教育实践等方面的指导，使青年教师尽快成为教学科研的骨干力量，成长为校级、区级乃至市级的教学新秀。

### 4. 企业兼职教师队伍建设工程

我校建立相对稳定的兼职教师资源库，聘请有良好工程背景、技术背景或有丰富实践经验的工程技术人员作为学校的兼职教师，指导专业建设、课程建设、实验实训基地建设，举办技术讲座、承担课堂教学、指导实习实训等。同时完善兼职教师队伍管理体系，注重企业兼职教师的聘任管理、教学管理与考评管理三个方面，完善企业兼职教师聘任管理流程，规范企业兼职教师的教学流程，将企业兼职教师纳入学校的教师考核范围，破除兼职教师的身份困惑，发挥兼职教师的实际效用。①

**5. 公共基础课教师专业素养提升工程**

公共基础课教师在本学科教学之外,对学校相关专业群的专业教学内容、对应的行业背景、专业对应的就业方向等应有一定了解。通过制订中职公共基础课教师进修方案,以教师发展需求为导向,重点提升教师的基础学术能力和一般性的教学能力,推动教师角色的转变和教育理念、教学观念、教学方法以及教学评价等方面的改革。学校对公共基础课教师进行学校所开设专业的基础知识培训,并制定公共基础课教师企业文化体验的活动方案,转变培训方式,推动信息技术与教师培训的有机结合,实行线上线下交互式研修,改进培训内容,紧密结合教师需求教学,探索教师职业生涯成长机制。

## (二) 重视职后培训,助力教师专业发展

学校遵循教师专业发展的阶段成长规律,为促进教师职后专业发展采取多项举措,学校为新进教师创造条件,提供机会,营造氛围,搭建平台,主要从以下方面开展:组织开展新进(青年)教师的集中培训;加强新进(青年)教师的基本功训练和教育教学理论培训;安排好新老教师结对工作,开展一帮一活动;发挥身边名师的作用,要求新进(青年)教师通过听课等方式积累经验;为新进(青年)教师提供教学实践锻炼的舞台;为新进(青年)教师提供撰写论文、专题心得的培训。

**1. 注重对新进教师的管理,有效发挥考核作用**

根据《上海市材料工程学校师资队伍建设规划(2013—2016)》要求,为了新进教师尽快适应学校的教育教学工作,着力加强新进(青年)教师的培养培训工作,学校采用多种形式和途径为新进(青年)教师提供锻炼的舞台,促使其脱颖而出,成为学校教学的骨干力量。为使新进(青年)教师培养有条不紊地进行,特制定《新进教师管理及考核办法》,使新进(青年)教师在工作中明确自己的成长目标,制定个人成长计划,磨练自己各项教育教学技能,成为充满教学智慧、洋溢教学热情、挥洒教学魅力、"享受教育"的现代型教师。通过理论学习,教学实践,信息技

---

① 许宇飞,田单单,罗尧成.高职院校企业兼职教师队伍建设:动因、困境与突破[J].职教通讯,2020(12):58—63.

术运用,教育科学研究及专家指导等形式,提高培养对象的教育创新思维能力,学科知识拓展能力,信息技术运用能力和教育科学研究能力。促使他们逐步形成学科教育教学的个人风格和特色,使他们在各方面尽快适应新形势下教学工作需要。在此过程中,注重对新进(青年)教师的全方位考核,用考核的方式有效激励新进(青年)教师的积极性,合理运用考核结果,使之作为其反思与成长的依据。

**2. 开展教育教学专项培训,全面提高教师素质**

我校以跨专业跨学科为目标,进一步扩大目前已有国家级、市级骨干教师培训、国际交流学习、技能培训及假期下企业挂职锻炼的范围,并积极开展校内培训,提升专业教师的教学及科研能力,对师资队伍中的基础课教师、新进教师、青年教师进行专业提升。一方面,开展校本培训。以青年教师为主,开展现代职业教育教学理念和方式方法培训。每年聘请专业技术和教育教学等方面的专家学者来校开展讲座,对教师进行专业知识技能和教育教学理念、方法等培训,以帮助教师增长新知识、开阔新视野;定期组织教师学习现代教育理论,更新职教观念,学习教育与教学艺术等,不断提高师资队伍的整体业务素质。另一方面,开展外出培训。充分利用国家级、省级、市级骨干教师等各级各类教师培训渠道,支持承担专业课和文化课的中青年教师外出进修和参加学术会议,为教师外出学习提高提供便利条件,全面提高教师的整体素质。

**3. 组织教科研活动,促进教师专业成长**

创建学习型教研组,促进教师专业成长。教研组是学校的基层组织,在教师的成长和发展中起着不可替代的作用。为了促进教研组教学研究制度、教学研究氛围和教学研究共同体的形成,把教研组建设成教师专业成长之家,使我校教师队伍成为一支有先进教育理念、教学素养全面的教师队伍。在此过程中注重三个结合:理论学习、观念转变和教育教学能力提高相结合;教学实践和课题研究相结合;教师群体研究、探讨和个体总结反思相结合。注重教师教育观念的转变、教学行为的改变,定期开展教研活动,推行教学评优活动。鼓励教师投入科研,申报国家级、省(市)级及校级科研课题,激励教师发表高质量论文,以科研促发展。鼓励教师参与课程教材改革,有效促进教师改进教学方法,提高教学针对性和有效性。通过实行导师制度,对青年教师进行专业知识及教学技能等多方面的传帮带。建立教师下企业锻炼的长效机制。专业课教师每两年必须安排2个月时间到企业或生产服务第一线进行专业实践,提高专业技能水平和实践教学能力,尽快成为真正的"双师型"教师。鼓励教师参加各级各类技能竞赛,通过竞赛,最大限度地调动教师的学习热情,使他们关注学生的实训和实习,通过竞赛促进实践教学,提高教师的实践技能,才能提高学校的教学质量。加强"双师型"教师队伍建设和管理,鼓励教师评定"双师型"教师,并给予一定奖励和补贴。

## 四、学生管理

学生管理,千头万绪。我深知学生管理工作并不是一件简单的事情,也不是能够一蹴而就的。作为校长,我必须在繁杂的管理工作中,找到一个关键的突破口。而在当时,学校出现的一系列事情仿佛都在提醒我,要想管理好学校,必须管理好学生;要想管理好学生,必须从德育出发,进而使学生形成自主管理意识和能力,最终达到能够促进学生综合素质和能力全面提升的目标。

### (一) 以全体学生为对象的全员德育管理

学校坚持"为了每一个学生的终身发展"的教育理念,坚持育人为本、德育为先,全面实施素质教育、促进学生全面而有个性地发展。为全面实施素质教育,实现促进学生自我发展、专业发展、健康成长的教育目标,培养多才艺、有担当、能适应的学生。学校结合办学实际,以提升学生软技能为核心,以日常评价和学生的成长记录为基础,以学生行为规范的养成教育为抓手,以系统分层、循序渐进的教育活动为载体,融入校园文化建设和职业道德教育,科学育德、科学育人,力求内容全面、客观,程序科学、规范。为了发挥软技能评价对学生终身发展的促进功能,提高学生的综合素质,关注学生的全面协调发展,关注学生的特长和潜能,学校特制定软技能学分评价体系制度,通过软技能评价,使学生不断认识自我、发现自我、完善自我,实现"成人、成才、成功"的目标。

### (二) 以学生综合素养提升为目标的自主管理

长期以来,我校坚持学生"自我管理"的理念,旨在改变传统学校和老师的"总管"形象,促进学生在自我管理、自我反思中不断改进自己的思想与品行,为此,学校特制定一系列制度,采取切实有效的措施,让学生参与到班级管理、同伴管理以及自我管理之中,组织开展各项活动,从而使学生在形成自主管理的过程中提升综合素养。

### 1. 完善制度,营造良好的自我管理氛围

首先,完善管理制度。在中职院校,学生干部是加强学生自我管理的重要力量,在学校老师的指导下,加强学生干部的管理工作,使各个年级的学生之间可以相互沟通与帮助。在学生管理组织中,完善各种规章制度,从而对学生有更好的约束作用,使学生的自我管理更加积极主动。其次,在校园中营造出一种良好的自我管理氛围。中职院校校园氛围应该是自由、团结、民主、和谐的,我们注重加强学生的责任意识,使每个学生都可以积极主动地进行自我管理,还可以对校园进行管理,促进校园良好氛围的形成,加强校园文化的提升。

### 2. 明确目标,加强职业与人生规划

在中职学生进入学校的时候,学校教育管理部门对学生进行职业规划指导,引导学生做自己的人生规划,让学生明确自己未来的发展方向,通过职业规划课程启发学生的思维,让学生正确地认清自己,对自己有合理的评价和定位,制定科学合理的职业目标和远大的人生理想。在进行职业规划指导过程中,根据学生的专业,对学生当前的状况进行科学合理的分析,以学生的兴趣爱好为基础,使学生可以对自己的专业有清晰的认识,并提升对自己专业的认同感和学习兴趣。教师不断培养学生的自我管理能力,帮助学生制定学习计划,并将学习计划不断地细化,做好时间管理,这样才可以充分利用好时间,安排好自己的实践内容、学习内容,将这些计划中的内容一步一步地完成,提升学生的自我管理能力。

### 3. 开设活动,锻炼学生自我管理能力

我校每学期都会开展各种丰富多彩的活动,不仅可以锻炼学生的能力,还可以使学生加强自我管理。首先,开展实践活动。实践活动对学生的动手能力的培养、对学生综合素质的培养都是非常重要的。学生在实践中还可以不断创新,提升学生的创新创业能力,对学生未来就业和发展都是非常好的方式,让学生可以提前了解社会、接触市场,促进学生适应能力的发展,也使学生正确认识到自己的不足,从而加强对自我的管理和约束。其次,开展心理健康活动,根据中职学生的心理状态,邀请企业的专家来座谈或者讲座,列举案例进行分析,从而使学生可以及时调整自己的心态,树立自信心,做好自我管理,及时缓解学生的不良

心理问题,提升学生的综合素质。① 目前,我校现有舞蹈、话剧等彩虹社团 30 个,并有 6 支学生自主管理的志愿者队伍。这些社团和志愿者队伍,对管理学生,提高学生自主管理能力,都起到了很好的作用,对培养二十一世纪人才具有深远意义。

### (三) 以适应岗位为导向的软技能培养管理

为全面实施素质教育,配合学校学生软技能培育体系的构建,促进学生自我发展、专业发展、健康成长的教育目标,培养多才艺、有担当、能适应的材料学子,提高学生的综合素质,结合学校实际制定了软技能学分评价体系制度。为了顺利实施学生软技能指标考核与评价,学校以数字化网络为平台,专门开发了"学生软技能指标考核与评价"系统。班主任及相关评价人应根据学生软技能实施计划,每学期末根据学生的平时表现、活动记录、德育践行、主要监测点等方面的记录,依据《软技能学分评价体系制度》,利用"学生软技能指标考核与评价"系统对学生进行评价,科学、综合地做好学生的软技能评价工作,并通过评价结果反馈和分析,促进学生全面发展。软技能评价的主要监测点分为:其一,个人素养,如学生参加集体活动及社群活动的情况、诚实守信、仪容仪表、日常行为规范表现等;其二,社群素养,如参加社区或社会公益实践活动等;其三,职业素养,如平时的自我管理、参加企业学习、见习、实习等情况。

为了顺利实施学生软技能指标考核与评价,学校专门开发数字化网络平台。此外,为保障软技能评价顺利开展,学校还采取了一系列保障措施。首先是组织保障。成立学生软技能指标考核与评价工作领导小组,主要有四项工作职责:一是制定和完善评价方案、实施细则和审核评价等规章制度;二是组织开展相关宣传工作与培训工作;三是对评价工作进行指导、检查和监督;四是组织专家对软技能评价数据和结果进行统计分析,形成反馈意见,以指导学校教育教学改革、人才培养评估等。全体班主任和任课教师均参与软技能指标考核与评价实施小组,具体执行考核与评价工作。其次是履行诚信职责。建立健全软技能评价的诚信机制,引导教师和学生履行诚信责任和义务。对评价数据和结果要结合学生成长记录进行班级抽样抽查。凡提供虚假材料或不按照规定程序操作的,要追究有关当

---

① 申琳. 新时代背景下中职学生自我管理的对策[J]. 现代职业教育,2020(42):160—161.

事人的责任。最后是技术保障。基于校园网平台的"学生软技能指标考核与评价"系统根据评价的实际情况进行升级和完善,同时进行定期维护和数据备份。在学期末开展学生软技能指标考核与评价期间,指定专职技术人员提供技术支持,做好系统稳定运行保障工作。①

## 五、校企合作

我校始终坚持对校企合作、工学结合的探索与实践,多年来形成了内涵丰富、基础扎实、实践成果丰硕的校企合作局面,尤其在规范治校阶段,我校投入了大量的人力物力,对行业企业进行实地调研,深入市场与企业内部,结合自身发展与专业特色,与企业开展各项合作,基本形成了以"相互需要、互惠互利、互相参与、互相依存"的校企合作办学模式。②

### (一)共建校企融合实训基地(生产型联合培训中心)

学校结合自身的优势专业,主要与相关行业企业共建了三个校企融合实训基地,分别为上海市的建筑与工程材料开放实训中心、建筑装饰实训中心与机电实训中心。多年来,在实践基地建设过程中不断地探索与实践,形成了较为完善的运行与管理体系。

第一,在管理人员的安排上,各开放实训中心由分管副校长统筹管理,同时配备专业的教师作为实训负责人。同时,学校建立了"双师型"教师培养实施方案、专业教师下企业挂职锻炼实施办法等制度,从制度上确保了教师实践能力和专业技能的提升。专业教学具备完善的教案及课件、典型教学案例,建有科学、合理、规范的职业技能评定与考核标准,注重对实训过程的考核和综合能力的测评。

第二,在实训中心的制度建设上,开放实训中心制定完善的管理制度,同时,运用信息化管理软件规范学校实训中心的管理流程,增强管理的准确度,确保开放实训中心工作的高质量、高效率及低成本运行,有效合理地配备资源,实现实训中心整体运营效率的提升。

---

① 廖珈.学生工作管理信息系统设计与实现[D].昆明:云南大学,2012:35.
② 吴苇,邹清,涂丽华,曾静.校企合作导向下中职示范校的发展现状与对策研究——以江西省医学类中职学校为例[J].职教论坛,2015(08):93—96.

最后,在资金方面,实训中心建设做到了经费单列科目、专款专用。学校按照市有关文件规定制定了学校集中统一采购管理办法。实训中心设备采购规范操作,有设备采购申请、评标文件、采购合同、实际采购清单及相关票据,建设进度按计划基本完成。

## 案例延伸

建筑与工程材料开放实训中心于2008年上半年建成,2008年10月通过市教委的评估验收。在开放实训中心正常运行3年后,即2011年6月上海市教委对建筑与工程材料开放实训中心运行进行了绩效评估,被认定为"优秀",并被教委认定为首批"三星级"开放实训中心。2014年4月进行了第二次绩效评估,并获得教委认可,继续认定为"三星级"开放实训中心。2015年7月,建筑与工程材料开放实训中心进行改扩建工程,2017年末正式竣工验收。此次改扩建完成后,力争提升开放实训中心综合服务能力,提高学生专业技术素养,提升专业指导教师业务能力。

### (二)创新"分层递进,定岗跟单"的实践教学模式

随着校企共同构建生产型联合实训中心合作的深入,在实践中形成了分层-递进"定岗跟单"实践教学模式,以求进一步开发校企融合的课程资源,与企业共育职业人才。分层-递进是指因材施教、循序渐进的教学策略:(1)在专业基本理论和技能训练阶段,按任务布置、企业师傅示范、学生实施、师傅评价组织教学;(2)在专项技能训练阶段,进行任务分解、师傅带教、学生生产、企业考评;(3)在综合技能训练阶段,接受任务、学生顶岗,使学生完成角色转变,使学生成为"准"职业者。"定岗"是指确定的岗位能力,实现专业与企业岗位对接、课程内容与职业标准对接;"跟单"体现了教学过程与生产过程对接、学历证书与职业资格证书对接。

实训中心搭建了三个平台:(1)专业实践教学平台。以学生学习训练、员工培训和技能鉴定为主,编制生产型联合实训方案、培训大纲,开发教学资源与培训项目,将企业实际生产订单任务转化为教学、实训项目,从而形成了教师与企业技术人员的联合教研。(2)生产一线对接平台。学生在师傅带领下,直接参与生产,从

而实现社会服务功能。(3)教师队伍发展平台。为企业技术骨干和专业教师提供研究项目的条件,突破了以往教师下企业实践只单纯学习的模式,真正实现了"双师型"专业教师队伍,同时组建了一支稳定的兼职教师队伍。

"定岗跟单"模式还体现在推进现代学徒制试点工作中。2015年9月,上海建工材料工程有限公司与学校合作举办现代学徒制班,以"特约订制"形式招收了建筑与工程材料专业的46名新生,使这批学生一进校就确定了毕业后的就业去向。在这个现代学徒制班中,企业从派驻导师、编写教材到寒暑假提供实训机会等等,为学生将来进入企业做足准备。可以说,这是在为企业量身订制培养所需人才。

## 案例延伸

### 分层-递进"定岗跟单"实训教学模式

学校深入开展行业企业调研,开展了以职业能力培养为目标的专业标准建设,先后牵头开发了上海市中等职业学校建筑与工程材料专业教学标准、中等职业学校建筑与工程材料(国际水平)专业教学标准、全国中等职业学校建筑与工程材料专业教学标准。在专业教学标准基础上,逐步建设生产型联合实训中心、构建分层-递进"定岗跟单"实训教学模式,开发校企融合的课程资源,与企业共育职业人才。

上海市材料工程学校与上海轻工环境保护压力容器监测总站(监测总站)在多年合作基础上,2013年双方达成共建共享的合作协议,在企业内部嵌入建筑面积800平方米的生产型联合实训中心,中心于2014年1月建成并投入使用。至2017年学校累计投入设施设备1100万元,监测总站投入300万元设备及相应的技术资质。中心场所在企业内部,为学校实践教学提供真实企业环境、真实的工作流程、与企业同步的工作任务和企业教学老师,为学生提供一种浸润式的岗位学习,以企业员工要求评价学生,培养学生对接岗位必备的操作技能和职业素养。

依托生产型联合实训中心平台,校企教师提炼典型工作任务,教学模块从易到难的层次为三个阶段:第一阶段为"熟岗",是生产型实践的准备,开展岗前必备的操作技能的教学,并参与简单的实训项目,以掌握基本技能;第二阶段为"跟岗",实施全真模拟的生产型教学项目,学生参与各个典型项目,并分层递进地实施,重点培养学生的独立操作能力,掌握专项技能;第三阶段为"定岗",学生进入企业生产岗位进行生产,在企业教师带领下直接承接生产任务,完成"跟单"环节,进一步全面掌握知识技能,达到深化理解和融会贯通,从而提升综合职业能力。

"定岗跟单"让现代学徒制匠心飞扬。截至2017年5月,学校连续四年在全国职业院校建材类专业学生职业技能大赛中名列前茅,并多次在全国职业学校创新创效创业大赛获得一等奖、二等奖。继"校企联动共建产学研基地,定岗跟单与行业无缝对接"的典型案例入选教育部案例库之后,"建筑与工程材料定岗跟单专业实施方案的研究"获得上海市教委青年课题立项,并荣获青年教师教育教学研究课题三等奖,"《建筑与工程材料》专业现代学徒制实践研究"课题立项为上海市职业教育协会2016年度重点课题。校企合作"双主体"育人模式,满足了家长对自己孩子学历与技能并重的要求,满足了学生对自身未来发展的需求,满足了企业对操作型人才和知识技能型人才的需求,更重要的是,满足了上海这座城市建筑行业以及社会经济发展的需求。

## 第三节　规范治校的改革成效

尽管改革过程压力重重,困难和阻力也时时会出现,但是在我们的不断坚持和整个学校团队的不懈努力之下,规范治校的改革成效也随之彰显出来。在学校层面上,各项制度建立并不断完善,教学过程不断优化,校企合作形式多样、合作深度得到了前所未有的突破;教师层面上,师资队伍结构逐步完善,整体水平在不断攀升,名师工作室大放异彩,教师专业化能力得到了全面的提高,另外,班主任工作详尽扎实,教师理论与实践水平显著提高;学生层面上,不仅形成了良好的日常行为规范,自我管理意识逐步增强,而且技能水平也不断提升,在全国大赛上屡获佳绩,学生们的整体综合素养有了大幅提高,拥有较强的社会责任感。

### 一、学校层面的成就

在学校"规范立校"的改革历程中,共取得了86项学校荣誉以及128项竞赛荣誉,丰硕的成果皆可体现出这一阶段学校在各方面的实际成效。

## （一）教学制度实现标准化

学校始终遵循制度先行，标准化管理的原则，尤其体现在对教学常规管理上。为保障学校实现培养目标，教学工作的有序组织和安排，学校制定了《专业指导委员会章程》《专业教学实施方案制度》《专业建设与教学质量考核办法（试行）》《教学工作计划制定办法》《学校教材管理制度》《学校校本教材编写审定使用管理暂行办法》《教材使用意见的反馈制度》《排课、调课、代课及停课制度》《教学备课工作制度》《教师教案编写规范》《教师授课制度》《教学日志管理制度》《课堂教学中突发性事件应急处理预案》等规章制度和管理办法，以标准化的、规范化的方式对教学常规工作进行了书面上的规定。例如，《专业教学实施方案制度》中规定了各教研室要依据教育行政部门及有关行业制订的专业教学指导方案，结合各专业培养目标定位和市场需求等实际情况制定专业教学实施方案，该制度还对于各专业教学实施方案的制定和实施做出详细规定，让实际教学做到有依可循。

## （二）校企合作实施成效

### 1. 优化实训中心平台，拓宽对外服务范围

原建筑与工程材料开放实训中心大楼建筑面积 3294 平方米，五层楼加一个裙楼；改扩建后，大楼建筑面积约 4400 平方米，六层楼（含裙楼），增加部分主要用于装饰专业的实训室建设。原建筑与工程材料开放实训中心实训工位数 334 个，包含材料认识、材料检测、材料应用三大实训模块的 10 个实训室。改扩建后，实训工位数 540 个（含联合实验室），包含装饰与材料展示、材料检测、材料应用、环境监测、生产型联合实验室五大实训模块的 13 个实训室。

### 2. 培育专业技能人才，全国大赛屡获佳绩

开放实训中心的能级提升与改扩建工程竣工后，由于建筑与工程材料开放实训中心实训的工位数提升到 540 个，建筑与工程材料专业相关学生的实训课程和实训时间也大幅增加，有效提升了学生专业技能专业素养。2016 年，13 材料 1 班霍玮、14 材料 1 班曹磊、袁婷、陈雨等学生的项目"利用固体废弃物制备环保无机保温砂浆"获得 2016 年上海市职业学校创新创效创业大赛一等奖、2016 年全国职业学校创新创效创业大赛团体二等奖。此外，2016 年，13 材料 1 班的王佳琦和胡建涛两位学生获得 2016 年度"金隅杯"全国职业院校建材类专业学生职业

技能大赛水泥物理性能检测项目个人二等奖、三等奖；17材料2班的彭安耀和16材料1班任妍同学获得2018年"航建杯"全国职业院校建材类专业学生职业技能大赛水泥物理性能检测项目二等奖、三等奖、团体二等奖的佳绩。指导教师蔡红军、陆平、俞峰也在2016年度到2018年度先后获得全国大赛优秀指导教师称号。

**3. 对外服务卓有成效，校企合作日渐成熟**

建筑与工程材料开放实训中心改扩建以来，响应徐汇职教集团开展的区域内中学生劳技课培训项目，2017年和2018年开设"牛奶中钙含量的检测"体验课程，接待上海市位育初级中学、西南位育东校、徐汇中学、西南位育北校、园南中学、上海市第二中学、长桥中学、上海世界外国语学校等11所中学，授课学生累计人数899人。同时积极响应上海市教委组织的中小学生职业体验日，新开设"做个雾霾检测员"项目，2016—2018年累计接待学生数达1239人。

同时，开放实训中心利用国家建材行业职业技能鉴定机构第65003008号站，积极扩大对外鉴定服务，2016—2018年累计对外鉴定建材化学分析工（三级、四级）人数达600人。2014年与校企合作单位上海轻工环境保护压力容器检测总站成立了生产型联合实训中心，开发并出版《材料化学分析》等4本校本教材。建成有企业实训特色的校级精品课程"材料分析化学"、化学分析工（中级）考证训练包、"环境检测"和"材料分析化学"课程等教学案例。制定国际水平专业教学课程标准和上海市建筑与工程材料专业教学标准和课程标准。

**（三）学校荣誉**

在学校"规范立校"的改革历程中，86项荣誉以及128项竞赛荣誉皆可体现出这一阶段学校在各方面的实际成效。其中，学校较为突出的荣誉如下：被评为"2012年度、2016年度徐汇区企事业单位治安保卫先进集体"，被区语委评为"2010—2012年度区语言文字规范化示范校"，被徐汇区教育局评为"2013年徐汇区中等职业学校学生素养工程创新奖"，被上海市综治委校园及周边治安综合治理专项组评为"2012—2013年度、2014—2015年度上海市安全文明校园"，被评为"2013—2014年度上海市文明单位"，2015年被评为"全国五四红旗团支部"等。较为突出的竞赛荣誉如下：2012年荣获阳光体育大联赛中专技校组武术比赛团体一等奖；2013年荣获上海市星光计划第五届中职校职业技能大赛展示与体验项目最佳人气奖;2014年11材料1班、11机电贯通1班在2013—2014学年荣获上海国盛(集团)有限公司先进班级;2015年13室内设计1班团支部获上海市五四红旗团支部、上海市先进班级;2016年荣获徐汇区中职学生创新创业设计大赛最佳路演奖、《方案设计与表现》在上海市中等职业学校第四届校本教材展示交流评比活动中被评为优秀校本教材等。

## 二、教师发展的成就

### (一) 师资队伍结构逐步完善，整体水平不断攀升

在规范治校建设期间,我校教师团队建设取得了显著成效。专业带头人和骨干教师队伍规模不断扩大,整体素质得到了提升,创新能力有了较大的提高,同时也累积了人才队伍建设的丰富经验,为进一步做好人才工作奠定了坚实基础。截至2016年,师资团队共有专业教师154人,其中本科学历87人,硕士研究生及以上学历14人,中级职称教师50人,副高级职称教师33人,学校生师比12.67∶1,双师型教师98人,专业教师都具有企业工作或挂职锻炼经历。专业聘有27名企业兼职教师,聘有一个特聘兼职教师团队。规范立校期间,教师群体共获得100余项荣誉,如2013年,李莉的论文《工学交替解"顽症"》在全国"职业技术教育优秀教育论文"科研成果评比中获得特等奖;2014年,庄燕获得2014年挑战杯彩虹人生全国职业学校创新创效创业大赛一等奖指导老师,陆平获得中华人民共和国教育部"全国优秀教师";2015年,刘媛媛获得全国重点建设职教师资培养培训基地同济大学基地"职业教育行动导向教学法开发能力"培训班一等奖,金怡被聘为第二届全国建材职业教育教学指导委员会委员;2016年,王洪华老师指导的14材料1班被评为2015—2016学年徐汇区中等学校先进班级,周悦文老师荣获2016年徐汇区教育系统骏马奖等。

### (二) 名师工作室大放异彩，教师专业化能力全面提升

名师培育工作室由工作室导师负责领衔。工作室导师一般是由专业领域内有影响且知名度较高的教师承担。通过导师较强的专业背景,清晰的行业把握和丰富的教学经验实施一种类似学徒制手把手的个性化带教,对学员扬长补短,促进教师快速成长,为未来储备名师梯队。上海市中等职业教育从2015年始评估

遴选了一批名师培育工作室。上海市材料工程学校高级讲师、材料专业带头人章晓兰带头成立了工作室,经过两年多的建设,该工作室在上海市材料工程学校正式挂牌为"章晓兰名师工作室"。

## 案例延伸

章晓兰名师工作室一经成立,就制定了工作室管理制度,从制度上保证工作室规范、高效运行,同时在学校领导支持下着手组建带教专家团队,根据学员个人发展规划及学员个性化需求,章晓兰名师工作室又制定了个性化的学员带教方案,制定共性＋个性学习课程。章晓兰名师工作室经过两年多的努力,取得了丰硕成果。

1. 工作室服务社会

依托现代学徒制研究,工作室联合企业共同开发环保类讲座和项目。讲座主题如装修材料应用、家庭装修之环保问题、蔬果垃圾无公害处理等。工作室在过去的一年期间,多次进入社区讲座,手把手教居民如何方便快捷地处理日常产生的蔬果垃圾。进入中小学教学生们如何把日常垃圾变废为宝,进一步加强普职渗透,提升民众对职业教育的认识、认可。

2. 工作室教科研成果

围绕设计的项目,导师学员在项目中成长,体现了"项目导向""做中学"的职业教育理念。计量成果,有"现代学徒制试点实施方案"一册;出版教材5本(国家规划教材2本,校本教材3本)和实训指导书1本(校本);编写市级课程标准2套;完成课题研究8项(国家级1项、市级6项、区级1项);公开发表论文8篇。

经过两年的成长,工作室导师获上海市黄炎培杰出教师奖,一名学员在竞赛方面成绩突出,多次指导学生参加各类竞赛,在工作室培养的两年内获国家级奖项2项、市级2项、区级1项,职称也从中级顺利晋升为高级;另一学员是实训教师,工作室联合多方力量,指导该学员编写了多本实训指导书,编写了两本校本教材,组织多场学生技能大赛,在中职校实训教学方面进步明显,本人也获化学分析工(高级)技能证书。

图 3-7 章晓兰老师带领名师培育工作室学员参加市级规划教材编写

## （三）班主任工作详尽扎实，教师理论与实践水平显著提高

班主任是班级工作的领导者和组织者，班主任自身素质的提高和管理能力的加强是管理好一个班级必不可少的条件。在颇具特色的教师规范管理制度之下，材料工程学校涌现了一大批专业素质过硬、师德师风优良、职业态度积极的优秀班主任，在学生的日常管理、行为规范等方面做出卓越贡献，并荣获诸多奖项，如胡莉莉在 2013 年中职系统班主任基本功大赛"个别化教育"评比活动中荣获三等奖；李莉荣获 2014 年度上海国盛集团科教有限公司优秀班主任称号；龚燕获得 2015 年班主任主题班会竞赛二等奖、班主任主题教育竞赛三等奖、2014—2015 学年第二学期先进班主任；段美珍获 2017 年上海市中等职业学校班主任基本功大赛一等奖；朱慧群荣获 2018 年上海市中小学和中等职业学校"十佳"班主任；冯英于 2019 年荣获第四届上海市中等职业学校班主任基本功大赛三等奖、2019 年徐汇区十佳班主任提名等。

### 案例延伸

**李莉老师对工作的记录与总结（选摘）**

1. 学生的自主管理

重视班干部队伍的建设和管理，培养他们的工作能力，要求班干部以身作则，班干部的模范带头作用始终贯穿在整个班级管理的过程中,班级的事情,尽量让学生自己去做。我抓住班会课的时机,每周班会课上班干部先总结班级一周的基本情况,大家一起讨论班级出现的问题,对于不同意见全班同学一起讨论发言,一起商量处理的方法,最后我进行点评。

2. 差生的转化工作

本学期学生要参加维修电工的中级工考试,我针对班上几个成绩较差的学生,平时利用业余时间经常和他们谈心聊天,密切注意他们的思想和行为的变化。我经常思考他们可能会出现的问题和学习中遇到的困难,预防不良事情的发生。出现问题我及时找到他们,耐心地做开导工作,及时和家长保持沟通,家校联合做好转化差生的工作,并取得了一定成效。

3. 日常的行为规范

我始终认为学校的行为规范教育非常重要,作为学生,先做人再做事。学生到学校读书,一方面是学习文化知识,另一方面是学习做人的道理。学生的自我约束力差,对行为规范教育我常抓不懈,经常组织学生学习行为规范、仪容、仪表、文明礼貌的要求;充分利用各种教育活动如:法制教育、感恩教育,督促学生在思想上提高认识。"干净"和"安静"的养成教育贯穿整个学期,同学们能自觉遵守学校行为规范的要求,维护集体荣誉。

班主任工作琐碎又繁杂,但是在上海市材料工程学校里,每一位班主任教师都倾尽自己所能,专注于班主任工作中,认真负责地对待工作,真心诚意地对待学生,在全体班主任的共同努力之下,学生的日常行为规范有了很大的进步,不仅学习意识有所提高,还形成了良好的卫生习惯、文明礼仪习惯,这与班主任的扎实工作是分不开的。

## 三、学生成长的成就

### (一)形成了良好的日常行为规范,自我管理意识逐步增强

让我感到欣慰的是,在全面推进行为规范的基础上,我校以制度建设为抓手,努力营造良好的"教书育人、管理育人、服务育人"的氛围,学生的综合素质有了明显的提高。主要表现在其一,学生学习意识强,自觉性高。早晨一到校就进教室

大声朗读,读语文、数学、英语都可以。中午午休时,许多学生也在教室苦练打字或写作业。班级有值日班干部管理,学校有值日老师巡视督查。其二,人人讲普通话。老师随时讲普通话,师生对话,学生和学生之间交流都讲普通话;课堂上,下课期间讲普通话;人人以讲普通话为荣,逐渐把说普通话,变成一种自觉行动,成为全体师生的日常用语。其三,卫生习惯好,校园整洁美丽。学生处制定了学生劳动周制度,协助搞好学校环境卫生。其四,学生文明礼仪习惯好,校园一派文明和谐。校园内,学生讲脏话、打架的现象逐渐消失;平时学生遇到老师、来宾能够主动问好。其五,课前准备充分,课堂精力集中。上课睡觉、跑神等现象大大减少。其六,课间活动丰富而有序。下课期间,学校鼓励学生参加各种各样文体活动,可跳绳、打球、赛跑、做游戏等。

### (二) 技能水平不断提升,全国大赛屡获佳绩

在学校软技能管理与评价体系开展之下,随着开放实训中心的良好运作与运用,学生专业的实训课程和实训时间也大幅增加,有效地提升学生专业技能专业素养。2013 年,葛立辉、施佳敏、包雪峰、周垣宏等学生分别荣获上海市星光计划第五届中等职业学校职业技能大赛分组二等奖、三等奖的佳绩;2014 年,陈亮、胡建涛、黄莹、王佳琦等学生分别在全国职业院校建材类专业职业技能大赛中荣获建材分析、水泥物理性能检测二等奖、三等奖的好成绩;2015 年,费梅娟、干曹琴、胡天昊、刘杨兰等学生分别获得上海市星光计划第六届职业院校技能大赛各组别二等奖、三等奖的佳绩,同年,王佳琦、胡建涛、陈亮、奚忠伟获得全国职业院校建材类专业学生职业技能大赛二等奖、三等奖的佳绩;2016 年,13 材料 1 班霍玮、14 材料 1 班曹磊、袁婷、陈雨等学生利用暑假时间在建筑工程材料开放实训中心的功能材料实训室和结构材料实训室进行实验,项目"利用固体废弃物制备环保无机保温砂浆"获得 2016 年上海市职业学校创新创效创业大赛一等奖。

### (三) 学生整体综合素养不断提升,社会责任感加强

我们常说,教育的本质意味着一棵树摇动另一棵树,一朵云推动另一朵云,一个灵魂唤醒另一个灵魂。中职学校的教育也不仅仅是为了培养符合社会需要的技术技能人才,其根本出发点是培养具有社会担当的人。上海市材料工程学校遵循潜移默化和长期渗透的德育原则,通过学校、家庭、企业和社会的四位一体培

养,帮助学生形成适应个人终身发展和社会发展需要的必备品格和关键能力。①

## 案例延伸

### 优秀学生周星宇

2016年5月,周星宇放学回家,告诉妈妈他报名当了学校的志愿者,和同学一起参加上海市第八人民医院儿科的社会实践活动。起初,爸妈强烈反对,家长认为孩子的主要任务就是学习,再说去医院实践也存在卫生和安全方面的问题。

在周星宇的坚持下,班主任约谈家长到校交流,志愿者服务工作负责老师详尽地介绍了学校志愿者服务机制和品牌特色,经过多次沟通,家长逐渐打消了顾虑,最终点头默许并表示会给予最大的支持。

周星宇同学是名高个子的大男孩,虽然才16岁,却已经是上海市第八人民医院儿科"爱心角"的资深志愿者了。在第八人民医院的"百雁"志愿者大家庭中,他常常介绍自己的昵称是"憨豆":"我希望为他人带来欢乐!"在上海市材料工程学校与八院开展的志愿服务共建活动中,学校每周都有一批小伙伴去为儿科"爱心角"做志愿者,给患儿们讲故事、教画画、做手工、玩游戏,为小朋友缓解就医时的紧张情绪。

寒假时,同学们都休假了,可"憨豆"自己主动请缨,每周都要安排三天时间到医院做志愿者。一天,护士台的惊呼声引起了他的注意,原来,儿科收到一名被丢弃的女婴。市八医院作为徐汇区的弃婴定点接受单位,将对女婴进行全面的身体检查与观察。"憨豆"协助医护人员一起照顾这名看上去还不满一岁的小女孩,她小小的身子蜷缩在阿姨怀里,一双可爱的单眼皮眼睛好奇地看着身边穿着蓝马甲的大男孩。"憨豆"给她做了个鬼脸,小女孩马上露出灿烂的笑容,还伸出小手想要触摸。也许是被父母抛弃的经历让女婴特别缺乏安全感,小女孩只要离开大人的怀抱就会哭闹个不停。于是,"憨豆"和其他"百雁"志愿者一起成为了照顾小女孩的临时"爸爸""妈妈"。

尽管是家里的独生子,"憨豆"在照顾小女孩的过程中却很是细心,主动向阿姨学会了抱小孩和换尿布的方法。经过几天的接触,他摸索出了小女孩的身体语言,挥舞小手代表要出去走走,嘴巴发出声音是说要喝奶了。志愿服务期间,"憨

---

① 陈文泉.中职学校培育核心素养的德育实践与探索[J].职业,2020(29):83—84.

图 3-8　周星宇悉心照顾小女孩

豆"身上经常备着湿巾和小玩具,随时应对小女孩的需求。"这是我第一次近距离接触弃婴,这么小的孩子失去亲人的照顾很可怜,参与志愿服务就是奉献爱心,我也在这个工作过程中体会并发现了人性的温暖与闪光点!"他腼腆地说道。周星宇同学用爱心和付出得到了心灵的升华,他也成为上海市材料工程学校和第八人民医院"百雁"志愿者服务团队的榜样,他被授予上海市第八人民医院2014年优秀志愿者称号。

上海市第八人民医院党委书记兼执行院长对我校的志愿者服务工作给予高度评价,愿意继续和我校加大共建的力度和深度,积极关心未成年人的健康成长,积极践行社会主义核心价值观,积极结对共建互动共赢促发展。

2017年5月,以周星宇为原型,本人主演、家长出演、八院参演的微电影《蜕变》拍摄完成,并荣获第十三届全国中等职业学校文明风采竞赛活动微视频类二等奖。同年,周星宇的优秀事迹荣登《成才与就业》杂志。

图 3-9　以周星宇为故事原型的微电影《蜕变》

社会实践基地的建设,是发挥实践育人和文化育人的有效载体,是学校教育和家庭教育的补充和延伸,是家、校、社协同合力育人的有效渠道。时至今日,上海市材料工程学校一批又一批学生参加了第八人民医院的志愿服务活动。我校与八院的互动,既是对志愿服务精神的倡导,又是对培育未成年人思想道德建设的社会责任的承担,更是多方协同共建、合力育人的典范。期待越来越多像周星宇一样的志愿者同学,通过志愿服务平台,发扬公益人文精神,传递社会文明正能量。

# 第四章
# 培优：温润智慧办学思想之文化兴校

古罗马政治家塞涅卡曾说"灵魂的力量比任何命运的安排都要强大"。作为学校发展灵魂的学校文化，不仅能够展示学校整体风貌，凝聚人心，增强学校的文明水平，还能凸显出学校的育人理念和办学思想。学校文化是由学校全体师生员工在一定时间内，在学校进行改革与发展活动的过程中逐渐形成、培育和积累的一系列要素，包括思想观念和行为方式等，具有稳定性、凝聚性和独特性的特征[1]，聚合了办学理念、校风校纪、价值观念、行为习惯等内容，为学校全体成员共同遵循与维护，具有教育文化、组织文化和管理文化的内涵特质。在我看来，学校文化涵盖了以下几个方面的内容：(1)从战略意义上来看，学校文化的定位包括了发展方向、发展保障和发展氛围；(2)从构成主体的多样性来看，建设学校文化的人员包括学校领导班子、中层干部、教师、学生、后勤员工等；(3)从呈现的样态来看，学校文化表现为物质文化、制度文化、行为文化和精神文化。我一边学习学校文化的相关理论知识，一边在实践工作中进行总结，希望通过学校文化着手塑造学校良好的文化生态，为教职员工、在校学生营造一个优质和谐的学习、工作和生活的环境。

## 第一节　木铎起而千里应

文化是一种精神价值和生活方式。对于学校的每个成员来说，文化是一种独特的存在，是所有成员在生活中共同创造和形成的稳定的思维意识、行动方式和生活态度的总和。文化的力量不需要制度的约束，却是一个学校精神的根脉。学校文化映射出了学校在发展历史进程中所形成的稳定的特殊的精神品质和行为

---

[1] 井文.中等职业学校校园文化建设研究[D].上海：华东师范大学，2020.

方式等。"育什么人以及如何育人"始终是学校文化中最核心的内容,也深刻影响学校的战略选择,文化起着引导方向和提供精神动力的作用。要形成文化,最重要的就是促进"文"和"化"的融会贯通。从一名校长的角度去理解,自身的办学思想和对教育的理解等就是"文"的部分;而通过管理将"文"的内容注入到学校的每一项工作中去,贯彻到中层和基层干部以及学校师生日常的一言一行中去,就是"化"的本质。

作为一名校长,我深知学校文化对于一所学校的重要性,尤其是在我们学校,学校文化建设是我们的重要发展战略,文化的力量能超越空间、贯穿时间,而影响到学校的每一个人。文化育人是教育创新发展的重要趋势,当前,文化受到了越来越多教育管理与教学人员的重视,文化育人的重要价值逐渐显现并被运用。因此,我十分赞同一些学者的观点:学校文化育人体系的构建意义重大,而学校文化是其中一个非常重要的部分。[①] 通过对以往学校管理实践经验的总结,我深切体悟到了学校文化的价值,学校文化是学校整体面貌的展现,为学校教职员工与就读学生刻上了该所学校所特有的烙印,从而推动着学校各项事业的发展。在我们学校,我的学生们是处于16—18岁的青少年,他们的人生观、价值观还没有成熟,行为方式还未成型,他们会经常反复地犯一些"小错误",教师们只能反复提醒纠正。面对这种情况,为学生们培养良好的文化生态才是"釜底抽薪"的好办法,所以在我校总体发展规划中,学校文化建设具有相当高的优先级。

在管理学校的过程中,我十分注重文化对于学校建设的引领作用,材料学校的文化核心主要是通过校徽、校歌、校训来体现的。学校的校徽、校训、校歌、教风、学风、国旗下讲话、文明教室、温馨教室评比及每年一次的文化艺术节都深入师生的内心,聚集了学校的人气。"校徽"犹如一棵苍翠大树,寓意"十年树木,百年树人";它又像一把金钥匙,寓意"开启知识殿堂的大门"。校训"厚德强技,励志笃行"蕴含着我校的育人理念和办学决心,"厚德强技"鼓励老师和同学要心怀感恩、提高技艺、增强技能;"励志笃行"就是鼓励学校中的每一分子都要意志坚定,做好工作。"校歌"反映师生"不断探索、立志成才"的精神风貌,于2003年谱写完成,我们学校要求教职工和学生都要会唱校歌,这样才会更好地理解整个学校的

---

① 张红丽,韦冬余.新时代学校文化育人体系建构的内涵、价值与路径[J].教学与管理,2019(33):36—38.

文化。自2013年,学校启动了对我校文化的整体规划,希望通过系统的规划建设使学校文化获得长足的生命力。

在学校发展道路的选择上,走内涵式发展之路不仅是一种历史背景下的必然选择,更是结合时代需求所作出的明智举措。而推进学校内涵式发展、加强学校软实力建设需要我们发挥学校文化的力量[1],充分发挥学校文化的育人功能,使学校文化在立校、强校、育人中产生应有的作用和价值,进而不断提升学校软实力建设的质量。

因此,作为校长,我不仅需要为师生们建立良好的文化生态,促进他们的学习、工作,还需要开展文化治校方面的科研,用理论指导实践,再从实践中发展理论,形成一种良性的循环。2006年,我们学校正好是处于一个转型和力求发展的时期,我带领着大家做了一些学校文化方面的探讨。我们当时从科研入手,申报过上海教研协会的学校文化课题,从机制的文化到学校师生的文化,从理论层面的文化到实践层面的文化,从隐形的文化到显性的文化,多方面都做了深入的研究,并将这些理论成果运用在打造学校文化的实践当中,在后期进行了一个整体学校文化的打造。随着理论研究和实践探索的不断推进,学校领导班子逐渐加深了对学校文化重要性的认识。虽然文化是一种很难触摸的东西,但在这个过程中,教师们都有了自己的深刻体会和理解,践行着他们心目中的学校文化。在一次讨论会上,主管教务的老师说:"学校文化建设要从教务部门的管理这一块着手,主要是师风的建设,通过打造课堂教学、课堂的规范性以及对教学质量的追求来进行建设,这是学校文化中不可缺少的一块。"一位老教师也表示:"学校文化很重要,我是这个学校毕业的,1993年就职这个学校,到现在将近27年了。我认为学校文化就是走进校园,能够让人感受到一种积极向上的氛围,也可以从建筑这种外显的事物,包括我们老师、学生所散发出来的外在的一些气质来体现。此外,从内在讲,学校文化是大家心里的一种价值观的认可。"学校文化是学校发展的标杆,这个杆立得好不好、正不正,直接影响到学校发展的方向。

## 一、文化风帆找准发展定向

在学校发展过程中,我始终将注意力投向学校文化建设,将其列入学校发展

---

[1] 刘永平.文化建设:学校发展的软实力[J].学校党建与思想教育,2009(12):44—45.

议事日程,不断统筹规划、协调实施,同时还启动了关于学校文化建设的专项研究项目,打造独具特色的学校文化,对外展示交流建设的成果,充分发挥学校党团、教工以及学生组织在学校文化建设中的主导作用,努力打造精品学校文化,提高学校建设和发展的影响力和竞争力。

学校文化是一个具有自组织特征的系统,其有效建设需要依赖其中各要素的系统科学地规划与运作,围绕着学校的核心办学理念,学校文化的理论体系和实践体系被不断地进行规划、分解和延展。办学理念是基于学校长期的办学实践提出的,映射出学校的过去、当下和未来,又彰显着学校的发展特色与核心价值观念,从顶层设计上指导着学校文化的建设工作。[①] 因此,我认识到,发展学校文化首先要明确自身的办学理念,基于办学理念提炼学校文化建设的核心主题。

顾明远老师指出:"作为学校的旗手,校长是师生的精神领袖。校长要带领全体老师学习,将学校建设成一个学习共同体,带领全校师生为一个共同愿景而奋斗。这是校长最重要的使命,也是现代学校文化建设的核心。"一直以来,我都坚信,要办好学校,首先在于办学理念的正确性和科学性。办学理念是学校的灵魂。"志不立,天下无可成之事""水激石则鸣,人激志则宏"。基于这样的初心与构想,我校领导班子提出了"市场导向、砥砺创新、质量优先、特色发展"的办学理念。学校要有特色,当然要以良好的学风和教风为基础。我们还提出了"加强校风建设,规范学生行为"的任务,经过不懈努力,扭转了不良的学风和教风,"爱学、乐学、乐教"成了我校的主导风气。我们又根据学生自身的特点,建立了规范的课改体系,开发了新的教学内容,以充分发挥学生的个人特长。以活动育人,以阶梯式展开,在体育比赛、文艺活动中渗透理念,整顿校风、仪容仪表,设置专门奖学金,聆听教师意见,加强外显文化建设等。

我认为,首先要明确的是我们的学校文化要在学生身上体现哪些特质,明确这个特质以后,我们又要思考如何在学校里边培养这些特质,把学生的这些特质真正培养出来,那我的目的也就达到了。这些特质并非追求学生的基础能力,它难以通过某一个指标,尤其是成绩,来量化评价,而是强调品格特质与人文关怀。我们常常发现成绩越好的学生,他可能承受失败的能力就要差一些,我们希望学校

---

① 陈建华.论中小学办学理念的提炼与表达[J].上海师范大学学报(哲学社会科学版),2020,49(04):70—77.

培养的学生要坚强、要坚韧,一定要有一种坚韧不拔的意志,这种坚韧不拔就是即使自己在某一阶段失败了,依然能再站起来继续学习,争取在下一阶段取得成功。

## 二、三大保障护航文化建设

在我看来,学校文化建设工作的有效开展和落实离不开学校对这部分的保障,加强物质保障、技术保障和管理保障有助于提升学校文化建设的水平和质量。

物质保障方面,我们在2005年就实施了校园环境改造三年规划,使得校园空间的整体布局基本合理,校园生态环境优美且注重人与自然的和谐发展,校园的绿化覆盖率达到约30%,花坛鲜花争艳,花园景色宜人,为学生学习、生活提供幽雅的环境,校内有各式标语牌、保洁箱、健身器材等,方便学生与教师的学习、工作和生活。我们学校文化环境的建设内容围绕着中华传统美德和爱国、爱校教育展开,凝聚了文化品位、现代气息与人文精神。依据文化环境建设的长远规划、合理分区、分步实施、重点突破、全面提升的原则,将学校分为若干区域,各区域突出不同的主题。实验实训楼突出自然科学教育主题,建有科普长廊、各实验室实物展、科技动态栏等;教学楼楼道分别设置了"名人廊""书画廊",各班开辟宣传栏;图书馆以社会科学教育为主题;运动场以加强体育锻炼为主题;生活区以生活、健康、节约、爱劳动为主题;绿化区以环保和植物介绍为主题。我校富有特色的文化环境也是一位沉默且有风度的老师,滋养着莘莘学子,起着无声胜有声的教育作用。

技术保障方面,进入网络时代,互联网无疑会对师生的工作、学习和生活产生巨大影响,网络为学校的教育教学改革开辟了一个崭新的领域。这让我首先想到人们了解一所学校也会首先浏览该校的网站,"校园网站已成为网络时代学校文化的重要载体"[①]。网络文化成为当今时代最便捷、最开放、最活跃的文化现象,通过学校的网络文化不仅可以了解校园新闻动态,而且还能够弘扬正气,凝聚人气,激发斗志。因此,我十分重视学校的网站建设,根据教育教学的需要,科学谋划,多次改版,终于使之凸显我校学校文化,实时展现我校发展风采:"校园新闻"栏目第一时间发布学校新闻,使广大师生及时了解学校开展的各项工作;"办学成果""校园生活"等栏目展示师生取得的各种成绩、获得的各种荣誉以及学生在校学

---

① 张连生,代东亚.校园网站的学校文化分析——基于某地八所中学的校园网站[J].教学与管理,2015(13):10—12.

习、生活状况;"行为规范风采展示"内容丰富,特色鲜明;"学校宣传视频"更能直观感受学校风貌;"招生就业"栏目在招生宣传的同时,还如实反映学生顶岗实习、就业去向;"心灵驿站"让许多因同学间的矛盾、与父母的分歧而苦恼,或者是因工作实习、学习而感到困难的同学们缓解了心理压力,重新找回了快乐和自信。学校网站已成为师生、家长、社会之间有效沟通和学校实施民主管理、科学决策的良好平台,同时,也为学校赢得了良好的社会声誉。

在利用管理作为保障方面,孟子云"不以规矩,不能成方圆",我们需要建立健全系统、完善的规章制度,规范学校师生的言语和行为,从而保证学校各项活动与工作的开展与落实。我作为一名女校长,虽然在必要时刻须得刚强果断,但在刚性管理的基础上,也需要柔性治理。

同时,学校文化的发展离不开学校思想政治教育的开展,思想政治教育为学校文化提供主题和内涵支撑。我不仅希望学生个个是技艺高超的工人,还希望他们个个是德才兼备的匠人。因此,在开展技能培育的同时,我们学校坚持智行合一、德、智、体并重,牢记立德树人的根本任务,以提升学生基于综合素养的软技能为最终目标,认真开展学生系统德育工程,不断深化社会主义核心价值观教育和中华优秀传统文化教育。在实践中,我从五个方面入手进行破题。

第一,以班主任工作为抓手,通过班主任队伍在先进思想理念和科学管理方法及班级文化建设等方面的提升,整体推进德育工作。通过"朱慧群名师工作室"带动、新老班主任传帮带、培训交流与德育项目研究、优化考核制度、德育评估等一系列手段,推动班主任队伍不断向专业化发展。

第二,以各类活动为载体。注重德育活动的渗透功能,通过活动牵引、兴趣育人,在潜移默化中树立学生优良品格。目前,我校已经形成了集校园艺术节、体育节和技能节于一体的传统"三大节"品牌活动。这"三大节"不仅是学校文化建设的重要依托,我更希望用兴趣活动调动学生的积极性,在兴趣活动中完成学生的德育建设,这种潜移默化、润物无声、温柔细腻的教化是我作为一名女校长所追求的。现在,学校已在探索"三圈三层五育并举"育人模式。不仅如此,我坚持学校每年都举办丰富多彩的校园活动,以此来给学生展现自我风采、树立自信心的机会,这些活动包括军训,素质拓展,清明、雷锋日、五一、五四、十一等节庆日的主题教育,以及社会实践和校内、外志愿服务等。同时,学校拥有30多个学生社团,涵盖技能、特长、兴趣、传统文化等各个层面,形成色彩缤纷的"彩虹社团",不定期开展各类活动。此外,学校还充分鼓励学生踊跃参与文明风采、阳光体育大联赛等竞赛类活动和文化特色项目。通过这些活动,挖掘学生天赋、培育学生特长,锻炼学生品性,引导学生学会自主管理,塑造正确的价值观、人生观和世界观。

第三,形成学生行为规范的常态化管理,着力塑造学生良好的行为习惯。学校形成了不断完善全员参与的"督教、督学、督风"制度,并在推行过程中不断完善。全方位巡查、督促学生的行为规范,积极抓好晚自习纪律,严格风纪、仪表要求和宿舍管理,并通过督查、管理、教育等方式引导学生养成良好的行为习惯,形成良好学风。在这个过程中,严格是首要的,不能有一丝的"打折扣"和"打马虎",管理到位了,"严师出高徒"不无道理,严格才是对学生的负责。

第四,实现与家庭、社会的协同育人,形成家、校、社"三位一体"的教育合力。具体是借助家长会、家访、家长接待日等措施,加强与学生家长及学生所在社区的沟通;与辖区派出所建立常态联系,定期开展法律知识进校园活动,进行普法宣传,并加强对个别学生的特殊帮助教育;重视后进生的思想转化工作,通过采取学习班、个别谈话、对受处分学生跟踪考核等针对性措施,把思想工作做到学生内心深处。面对十六七八岁的青春期少年,学校老师的一味刚强、严格管理有时候会受到阻力,因此,要联合家长、社会的力量刚柔并施才能取得理想的效果。

第五,注重心理健康教育,引导学生端正态度,健康成长。学校于 2014 年春建成独栋两层木质结构的心理健康活动中心,内设 6 大功能区,提供专业的情绪宣泄、音乐与肢体放松、沙盘投射和心理科普书籍阅读等服务。活动中心可开展团体心理健康活动,也可进行一对一的辅导,帮助学生解决生活和学习中的困惑和心理问题,引导学生端正学习态度、自觉养成良好的行为规范。此外,我校每年都举办团体辅导、心理讲座、团体拓展、心理骨干素质拓展、心理测评等活动,为青春期学生的健康、快乐成长保驾护航。2020 年,学校成为上海市家庭教育示范校。2021 年,学校启动了上海市心理健康示范学校创建,标志着我校心理健康教育工作进入新阶段。

## 三、氛围营造实现润物无声

我认为学校文化建设工程是复杂的,但也是系统的,有序可循的,学校文化只有经精心培育后才能够成为一所学校稳定的文化存在,是学校经过长期发展积淀而建构的共有的一套价值体系[①],故学校文化不是能够在短期内形成的,它需要学校在其长期办学过程中高站位规划、持续积累、不断创造和精心培育。基于此,学校文化建设工作需要良好的氛围才能获得长久的生命力,展现它润物细无声的力量,为学校发展和学生培育工作助力。这些年,我一直在努力经营一种关注的、支持的学校文化建设的良好氛围,注重学校文化育人价值的发挥,积极开展特色学校文化及品牌建设。

如在2016年,我校就围绕社会主义核心价值观教育开展了很多主题教育和实践活动,参观禁毒馆、参观公安博物馆、参加"现代工匠精神"学生主题论坛、开展"薪火长征路,祖国在我心"迎"十·一"主题教育等。在第十二届全国中等职业学校文明风采大赛中荣获2个全国一等奖、4个上海市一等奖,并获得上海市参赛优秀组织奖等多个奖项;在上海市中等职业学校"璀璨星光"合唱比赛和纪念长征八十周年学校文化竞赛活动中分别获得1个二等奖和2个三等奖,学校在全市文明风采总结会上进行了经验交流。得益于学校的软技能项目和学生合唱团等展示平台,我校李睿等同学迅速成长,并作为典型被推荐在市教委的新闻通气会上作了发言。此外,学生社团和志愿者队伍对管理学生、营造校园文化氛围,都起到了很好的作用。

2017年,我校根据《中等职业学校学生学业水平评价方案》制定了改进学风、提高学习成绩等的规定与办法,加强听课、评课,提高教师上课质量,抓好学生笔记、早晚自修,提高学生学习效率,在全市学业水平统考中,我校组织有序、管理到位,没有出现一位同学迟到和缺考,受到考试院中招办表扬,学业水平考试合格率高于全市平均合格率。教风、校风、学风的建设,本就是对学校文化氛围的创建,给学校文化建设营造出一个长效的支持环境。

文化氛围也许在每个人心目中都有不同的印象,就像有位老教师谈到学校文化:"一是,我感觉我们学校里所有的人都很好交流,非常和谐;二是,对于我们老师来说,无形当中会有一个自我约束,并不是说我想干什么就干什么。学生和教师都要有明确的角色定位,作为育人工作者,教师应当为人师表,做好学生的榜样。我校从2005年开始被评上国家级的重点中专,然后创建成为了上海市的第一批示范校,并申报了优质学校等,感觉大家都有这种积极向上的精神。教师不用等校长、书记提要求,一有任务大家都愿意做,这其实就是一个非常好的发展氛

---

① 程武山.传统文化传承与校园文化建设融合发展[J].中国教育学刊,2018(S1):17—19.

围。"作为学校的管理者,我所能做的就是在每一位教师、学生心中埋下一颗向上的种子,并尽我所能给予支持,无论是对我的教师们还是学生们,我都愿意尽我所能支持他们顺利开展工作,支持他们在学习中获得成长;同时,我还要设立框架,框架不是为了给教师们的工作添加条条框框,也不是为了限制学生们的发展,而是为他们规避错误、树立正确成长的方向,成为他们攀爬向上的"脚手架",做好这两方面后,我就可以"静待花开",等待每个人心中的种子绽放千姿百态的"花朵"。

## 第二节 人文成化民胥效

在我看来,学校文化建设的最终目标是实现"以文化人","为谁建设"和"由谁建设"是学校文化建设规划与落实之初就应当明晰的关键问题,这两个问题指涉的主体应是同一的。弥散在学校各方各面的学校文化,深刻而持久地影响着学校中的每个个体,并展现在其日常生活的言行举止中,发挥着引领、凝聚、陶冶与规范的育人作用,对学校的发展产生深远持久的积极影响。[①] 故而,学校文化是为全体"校园人"建设的文化,学校文化也应由全体"校园人"来建设,学校文化真正的创造者、享用者和践行者归根结底是学校的师生员工。因此,只有经由学校领导者、教职工以及学生群体共同构思、打磨、敲定与实施的学校文化,才能获得学校广大师生员工的认可和支持,才能真正发挥其应有的价值与功能。

### 一、学校领导的引领决策

学校领导在学校的建设和发展中始终扮演着领导者和决策者的角色,在学校文化建设的过程中,学校领导班子不仅是思想上的领导者,还是行动上的探索者,指挥和引领着学校的发展方向与内涵建设等方面。[②] 学校领导的管理意识对学校文化建设在其认知中的重要性程度排序有重要影响,因此,在学校文化建设过程中,我校领导班子一直牢固树立学校管理的高阶价值、文化管理的高度自觉和文化建设的高层战略意识。

在学校文化建设方面,我一直主张"领导牵头,各大分管领导积极配合"的推

---

① 刘先春,赵洪良.高校文化立德树人的育人功能研究[J].思想教育研究,2018(12):87—90.
② 张力跃,王苗.中职校长领导力的阅读框架、现实图景与提升路径[J].职业技术教育,2016,37(16):29—35.

进理念。任何活动要做好,领导首先必须尽全力把理念落实到实践中去,然后分管领导确保各个活动能够顺利开展,而老师负责接受并支持上级的任务安排。我经常和学校其他领导进行沟通讨论,针对学校文化建设的各个问题进行深入交流,从不同视角去看问题。学校各部门的领导会定期召开会议,对学校的事务进行汇报交流,并对学校文化的下一步建设出谋划策。回顾来看,学校文化建设一直都是我们讨论的重点问题。

## 二、教职员工的支撑传承

学校教职员工由参与教育教学工作的教师、开展学校管理工作的行政人员以及提供学校服务工作的后勤人员组成。教职工群体支撑着学校文化的建设,他们每个人所拥有的思想、知识和经验对学校文化建设起着至关重要的作用。此外,教职工作为校内稳定的中流砥柱,为建设学校文化建言献策和积极践行有关指示,推动着学校文化的传承和创新。从现实上看,建设学校文化还有助于改善教职工的生活与工作环境,创设美丽、和谐、自然的校园环境,有助于减少教职员工的负面情绪,增加教职工的工作热情。

记得2019年的暑期,我校开展了校区建筑的改造工作,学校的教职员工放弃了惬意的假期,每天都顶着烈日、冒着酷暑、迎着风雨来到学校,和建筑、装修工人们一起,为了给学校提供一个更好的学习环境而努力。为了能让同学们收获更多,我校老师也一直在全方位充实、拓展、提升自己,向着习近平总书记"有理想信念、有道德情操、有扎实知识、有仁爱之心"的"四有"好老师目标迈进。在建设学校文化与接受学校文化的熏陶过程中成长,黄宇佳老师获得了徐汇区"荣昶骏马奖",朱慧群老师获得了"上海市十佳班主任"荣誉称号。

我还特别重视师德、师风建设,在这方面也下了一番苦功夫。我认为,教师要立德树人,师德的树立要有保障。教师从能够规范性教学到教学能力不断提升成为教学能手是一个循序渐进的过程。我们尤其要关注青年教师的师德建设,营造师德建设的良好环境,并促进青年教师的师德内化。[①] 与此同时,教务老师也十分关注教风和学风,这也就是我们所说的教学文化。一些教师很明显感受到了校园

---

① 林碧丹.社会主义核心价值观视域下高校青年教师师德建设理路[J].思想教育研究,2015(05):63—66.

文化对学校教师产生的影响,这两年学校教师的发展也是非常明显,整个"十三五"期间,我们通过开展教师培训来积极促进教师的成长,按照整个上海市师训的三级标准开展,我校三年打造了二十几门的校本培训课程,帮助教师们完成了三年来所需要的所有校本培训的学分,给教师们从师德到知识技能以及信息化技术运营进行了专项培训,让教师们能够感受到智慧生活和智慧教学以及各方面文化的渗透。

通过教师们的努力,学校文化在教师心目中有了具体模样:一位班主任认为学校文化是学校里师生的一种共识,体现在遇到什么事情应该怎么做,某件事情应该是什么样的等方面。比如学生的外形仪容、学校的校服、学生的精神风貌、代表学校参加比赛时展现出来的师生风采等都属于学校文化。还有教师认为学校文化具有渗透性和传承性。另一位班主任表示:"学校文化是从班主任身上潜移默化转移到学生身上的气质、精神。我校近来开展主题班会活动时都强调了工匠精神的培育,培养学生的工匠精神,是每位学生实现自身发展的需要。①特别是最近在疫情主题下,主要讲的就是责任心和担当,推崇坚韧不拔的意志力。学校文化要通过教师带领学生,比如参加比赛来进行传承与渗透,这对教师和班级都是很有锻炼价值的。在我两次主题班会与班级磨合之后,我和班级的关系更紧密了。我在拼命准备讲课比赛的时候,我的学生陪着我,他们坐在位置上面对摄像机专家的时候,也是在和我并肩作战,通过一两次的比赛,形成了内在文化的传承,这是一种教师跟学生之间共情的传承。"

为了给学生们树立争优的榜样,我校教师以身作则,积极参与市内外各类比赛、活动,为学校赢得一项又一项荣誉。近年来,教师们斩获了上海市第四届"育德之星"优秀创新实践奖、上海市语文教师"一年一读"活动一等奖、徐汇区"荣昶骏马奖""上海市十佳班主任""中国好作业"优秀组织奖以及"先进教工之家"等光荣称号,彰显着我校教职工对职教事业的坚持和为人师者的情怀,也诠释着教师们所担负的学校文化建设与传承的责任。

### 三、学生的主体意识

学生是建设学校文化的生力军,是学校中最富有朝气也最富有创造力的群

---

① 王丽媛.高职教育中培养学生工匠精神的必要性与可行性研究[J].职教论坛,2014(22):66—69.

体,他们创造、践行和享用着学校文化。作为一所中等职业学校,我校学子多为"00后"的孩子,是处于15—18岁的青少年,学生的心理已经初步走向成熟,思维、性格与人格逐步独立而成型,具备了相当的思考与问题解决能力;同时,他们也逐渐建构起了自己的价值观,有了一定的价值判断和价值选择,能够进行自我管理与自我调整,社会主体意识较强,渴望参与各项事务,从而实现角色的转换与自身身份的认可。伴随着学生群体的更迭,新生的涌入为学校文化带入了新鲜血液,新的思想和观念不断涌入,赋予学校文化时代内涵;而老生的毕业则带着学校的烙印,将学校文化扩散到其他地方,将我校的文化名片发了出去。学校文化建设要构建"以学生为本"的学校制度,调动学生参与,凸显人性化和引入反馈机制。①

在材料学校,学生也是具有特殊性的一个群体,从生源特征上来看,我校有较多学生来自农村地区和城镇的低收入家庭,有很多的后进生以及中考失利者,他们的知识文化基础比较薄弱,学习习惯和行为习惯也存在一定的不足,容易产生自卑感和挫折感。从发展导向和社会需求来看,企业等用人单位往往希望能够招收综合素质达标的毕业生,尤其是,当前中职学校毕业生的去向已从"就业"为主转变为"升学"为主,学生升学后极有可能更换专业。所以我认为在中职阶段,由于学生的思想品行都在发展并逐渐走向成熟,良好的人文教育就显得更有价值和必要,因为这些东西不是指向某种技能或者知识的,而是一种人格的塑造与品性的淘熔,将会使学生受用终身。因此,我一直强调材料学校的学校文化中除了技能文化之外,还应注重人文精神的融入。

回想起我在团委工作的那段时间,那时学校的文化娱乐生活比较平淡,我常常思考怎样才能让学校的文化娱乐生活变得丰富多彩,所以策划和组织学生活动就成为我们团委工作的主旋律。当时学校的硬件条件比现在要差得多,为了使活动丰富多彩,并体现出我们材料学校的活力与生机,我们都积极想办法办好每一个活动,尽量弥补物质上带来的不足。那时,大礼堂只有空空荡荡的舞台,台下根本没有学生就座的座位,因此,每次到大礼堂集中活动,我们都组织学生自带凳子,排队进出,而学生进出都是井然有序。舞台没有幕布,我们就到市场去买布,自己设计,自己缝制,把舞台布置得像模像样。那时,类似的问题虽然还很多,但都被我们想办法克服了。卡拉OK比赛、寝室文化大奖赛、大合唱比赛、体育联

---

① 和学新,储君.基于学生核心素养发展的校园文化建设[J].教育科学研究,2018(02):54—58.

赛等活动我们都举办得有声有色。从那时，我就明白了一个道理，学生拥有无穷无尽的想象力和创造力，在构建学校文化上，我们必须要充分调动起他们的积极性。

在与学生交流的过程中，我也发现我们的孩子对学校文化的感知也是多种多样的。我的一个学生小赵说："学校文化就是学校开设一些活动的时候，像篮球赛、足球赛，看到同学们在那边活动，凝聚在一起，我会感觉到大家都是一个学校的，大家都很开心。"小李说："我在学校武术队，二年级和老师一块去市里参加比赛，让我们不同专业、不同班级聚合在一起去完成我们的表演，努力去为学校争取荣誉，当我们有一个共同的目标，我们就会产生一种共鸣，在比赛过程中我感受到了学校文化。"小王说："我即将参加舞蹈大赛，学校从每个年级选出了18个人，每天都要去排练，我们为了共同的目标在一起互相学习，团结在一起，在这个团体中我感受到了学校文化。"小朱认为，"在我们学校里，我们能亲自去感受，是身在其中的。其他的文化可能是我们需要很久，或者说可能一生中很少才能去触及，我们可能也是只会了解。但是，我在我们学校的话，我们可以亲自去体会，也就是说做得很实在，它可能不只是一个口号，就是在这边它可以让你们真正地感受到。"

在我陪伴学生成长的过程中，有两个学生的案例让我印象最为深刻：

朱海东，2007级环境监测专业的学生，刚入校时，他性格张扬，与同学关系很差。但他有较好的表达能力和组织能力，班主任发现他的这一长处后对其进行积极的引导和培养，他不仅收敛性格，加入社团并跟同学建立了良好关系，还做了校学生会副主席。毕业后，应征入伍，在部队他自律、自强，受到部队官兵的好评，被破格提干。朱海东自己说："我有今天的成绩，离不开学校的教育和培养，离不开在学校社团的锻炼，感谢我的母校。"

施乐诚，2005级学生，刚入学时对自己要求不高，学习积极性没有被充分调动。2006年，学校首创了校党支部与学生团支部、党员和学生个人的"双结对"活动，"党员、学生、家长"三点成一线，形成"互助、帮教、传带"的格局，大家共同寻找不足，弥补缺陷。在这个平台上，施乐诚同学经过结对老师的帮助，学习兴趣不断提升，不但逐渐提高了成绩，而且学会严格要求自己，随后还被选为学生会主席，毕业后留校做了一名老师。

这两个案例不仅深深地影响了我自己，我还常常讲给其他老师听，因为这两个学生的故事无时无刻不在提醒着我:学生在健康向上、丰富多彩的学校文化中,通过不同思维的不断碰撞,从而逐步深入地认识自身、认识社会,有助于弘扬正气、优化校风、培养校园精神等,可以获取许多意想不到的成长。

对学生的思想工作、思想教育以及意识观念的管理,是建设学校文化的出发点与落脚点。要推进文化建设不能空谈,落脚点就是在学生的教育与学生的活动中。文化要落地,必须通过老师跟学生之间的教育活动,包括思想教育活动。学校文化建设的成果也能体现在学生的各种活动中,包括学生的专业技能活动和课余社团活动,以及上海市的星光计划和它对应的璀璨星光等文体类的活动,我们的学生的表现都是可圈可点的,而且也获得了不少荣誉。在"航建杯"全国职业院校建材类专业学生职业技能大赛上,我校6位选手夺得一等奖6项,二、三等奖12项;葛铭淳同学作为上海队成员参加了世界技能大赛全国选拔赛;童星瑜和沈怡两位同学荣获全国第十四届"文明风采"竞赛上海赛区非舞台类一等奖;腾飞龙狮队3次夺得龙文化全能赛龙狮传统套路高中组一等奖;踢跳、身体素质达标、武术比赛、田径、羽毛球等项目均喜获阳光体育大联赛一等奖;上海市中小学庆祝改革开放40周年系列活动中,我校多项作品斩获佳绩。18数媒贯通班的王蔚同学在校获得的奖项共计30多项。第五届"璀璨星光"学校文化节、"未来杯"微电影大赛、时政大赛等活动中,我校选手均获得不俗的成绩,为我校争得了荣誉,也迈出了材料学校品牌踏出上海市走向全国乃至世界的坚强脚步。

我对学校文化的建设和管理理念的实施,为的就是让教师们工作出彩,学生们学有所成,他们能够"好",才证明我的管理"好"。在这些实践中我感受到,我作为一名管理者,尤其是一名女性管理者,仅仅凭借我去驱动教师们积极工作、鞭策学生们努力学习,是"蜉蝣撼树",我必须借助"海浪"的力量来催动学校这艘航舰。营造学校文化,将学校置于"海浪"之上,必然能够"扬帆起航",这种驱动的力量才有长久的生命力,使我校"前途似海,来日方长"。

## 第三节 文之为德也大矣

文化是看不见、摸不到的,我偏向于基于文化学视角理解学校文化的"结构说",史洁等(2005)借助文化分层理论,对学校文化的分类进行了归纳分析,指出学校文化是物质文化、制度文化、行为文化以及精神文化四种文化样态的集合。① 这种分类方式较为普遍且实用,物质文化、制度文化、行为文化和精神文化四种文化归于文化系统之中,我校学校文化建设的整体格局也由此形成。

## 一、物质文化溢于表

学校物质文化是一种表层的外显文化,一般能够找到实物载体,涵盖了学校的绿化环境、地理布局、景观建筑、装饰装修、设备设施、文本书籍等,是学校文化的基础构件及外在标志。各个实体设施是学校得以创建、完善与开展教育教学活动和打造学校文化的物质基础。但需要指出的是,校园物质环境的建设不能完全等同于校园物质文化的打造,只有物质环境蕴含并彰显其文化内涵时才可称为物质文化,才能让校园物质环境成为传递思想、表达文化的载体,丰富、净化师生的灵魂。② 我校物质文化的建设立足于学校实际,精心设计的学校文化长廊、宣传橱窗、墙体标语,提升学校物质环境的育人价值,发挥学校文化的育人功能,从而为师生员工创造一个美好的工作、学习、生活环境。

尽管我们学校的校园面积一直是 48 亩,没有变化。但我们学校的内在条件建设却在逐年提升。2000 年以后,3、4、5 号宿舍楼先后建成,为学校办学规模的逐步扩大显示出了很强的住宿优势;机电实训室是由一个大车间改造而成的,它为日后我校的数控专业发展奠定了良好基础。曾经小小的材料展示厅规划得具有特色,吸引了很多参观者,也为建筑装饰专业的发展奠定了基础,现如今材料展示厅已经迁入上海市建筑与工程材料开放实训中心,空间、布局、装备基本处于全国同专业的领先地位。

2005 年,学校实施了校园环境改造三年规划,使校园布局更加合理,校园环境更加优美,近 30% 的绿化覆盖率和精心布局的景观让教师和学生们拥有更宜人的工作和学习环境。2019 年学校完成了校园环境改造升级。整修后的教学楼大厅里的文化橱窗、校园围墙以及实训楼里的墙面装饰等都发生了变化,我们还新添了各层楼道里的文化墙、白鸽环绕的校训雕塑等,更换了校园和各楼层的文化标志牌。新的校园围墙凝铸着我们的学校文化,修葺一新的实训大楼、稳健运行的校园电视台以及信息化设备的更新换代等,给同学们提供了更好的学习条件。一

---

① 史洁,冀伦文,朱先奇.校园文化的内涵及其结构[J].中国高教研究,2005(05):84—85.
② 王传亮."五个环境建设"助推学校内涵式发展[J].人民论坛,2017(15):114—115.

大批文化设施充实点缀我们的校园,包括教学楼在内所有的教学场所都焕然一新。所有这些,处处都体现着浓郁的文化氛围。

## 二、制度文化隐于秩

学校制度文化一般是指学校结合实际情况编写和制订的各种办法、方案、规定、章程、准则等文本,此外还包括学校在长期办学实践过程中形成的风尚习惯,为学校的良好运转提供行动指南和运行保障,体现出了学校文化建设水平与完善程度。[1] 在我看来,学校制度文化是一种约束学校教职员工与学生的外部约束力,除了约束大家的行为举止,还借助学校规章制度、行为标准、管理体系来规约学校成员的思想与言行,促使他们形成基本一致的观念意识和行为规范。学校的规章制度孕育着校园制度文化,校园制度文化是一种区别于学校制度执行的软性管理下的产物,潜移默化地规约着学校教职员工与学生的言行举止,从而逐渐转化成学校的隐性秩序。

作为学校文化管理主要目标的学校制度文化,对维系学校正常教育教学秩序至关重要。为此需通过建立系统、完善的规章制度来规范师生的行为,最终为学校各方面工作和活动的开展与落实提供强有力的保障。任何事情制度先行,没有制度先出制度再做。一直以来,我都是在刚性管理的基础上,同时实行柔性管理。

为完善制度文化,我校开展了标准化管理系统的建设。健全与人才培养模式和规格相适应的上海市材料工程学校运行管理体系及相关工作流程和工作标准,把控学校运行和管理的关键环节,不断提升学校管理的效能,保证学校规范有序的运营。建立现代化学校管理机制,健全职能部门,使学校良性发展。通过有效的程序管理、标准控制、数据分析,为学校科学决策和质量持续改进提供可靠依据。通过实施上海市材料工程学校运行标准化管理系统,形成中职学校范畴中的示范效应,能在中职学校中具备极大的推广价值。通过对此项目的运行和总结,形成经验和亮点,进行建设成果的推广和延续,彰显"后示范"效应。

## 三、精神文化藏于理

学校精神文化是学校在办学实践中形成的广大教职员工和学生共有的且为

---

[1] 冯永刚.学校制度文化育人的价值意蕴及其实现[J].教育科学研究,2018(05):89—92.

所有成员所认同的思想观念、价值取向及文化追求等,是学校文化的核心和灵魂,是制度层文化和物质层文化的前提和根源。① 在我看来,经由学校精神文化,学校的整体形象和个性特征得以展现出来,精神文化无法直接反映,往往需要文字或物质载体来呈现,从而对学校全体师生员工起到精神陶冶、德性升华与价值塑造的作用。

建校四十多年来,学校积淀了较深的文化底蕴。尤其是近十多年来,学校取得的办学成绩受到社会的广泛认同,这与学校的精神文化建设密不可分。我们始终坚持"以市场为导向、以改革为动力、以质量求生存、以特色谋发展"的办学理念和"营造一流校风,培育合格人才,建设品牌学校"的办学目标,在2006年提出要"以校风建设为主线,积极创建国家级重点中专品牌学校",在"聚焦课堂教学,加强教学与管理相统一"的教学实践活动基础上,2019年起根据职业教育新态势和学生终身发展的新要求促进"修身立德、慧教致远"教风的形成;通过学生一日行为规范评价、学生第二课堂和心理健康教育、"文明用语,礼貌待人"等活动,积极倡导"直以立身、韧以求进"的学风;在树立良好教风、学风的基础上,逐步形成"和谐温润、日新向上"的校风,学校还创作了"不断探索、立志成才"的校歌,并在师生员工中传唱。这些实践活动提振了无私忘我的奉献精神、精益求精的敬业精神、求真务实的科学精神、与时俱进的创新精神、和谐发展的人本精神、互助合作的团队精神。这些精神文化使全校师生形成了一种强大的向心力,有效地聚集了人气,这种精神文化的引领超越了各种规章制度的力量。针对生源质量和教育规律,实施校风为主线的品牌建设战略,推进品牌学校建设。

作为一所中职学校,学校文化的时代特征也体现在"工匠精神"上。"工匠精神"已成为全国各行各业及职业院校普遍奉行的精神理念,对应着精益求精、臻于极致和完美的职业精神。② "工匠精神"追求的是工作中的敬业、专注、严谨、专业、协作、耐心和精益求精等要求。我校师生在各级比赛、活动中,秉承"工匠精神"和"厚德强技",在同学们不断取得进步的同时,教师们也在以身作则,积极参与市内外各类比赛、活动,为学校赢得一项又一项荣誉,包括上海市第四届"育德之星"优秀创新实践奖、上海市语文教师"一年一读"活动一等奖、徐汇区"荣昶骏马"奖、

---

① 李雪梅.论校园精神文化建设与高职学生内涵素养的提升[J].教育与职业,2010(06):32—34.
② 艾素平,朱勋春,高再秋.高职院校校园文化建设背景下工匠精神的培育[J].职教论坛,2017(32):45—48.

"上海市十佳班主任""中国好作业"优秀组织奖以及"先进教工之家"等光荣称号,彰显着我校教职工对职教事业的坚持和为人师者的情怀,也诠释着"工匠精神"的深刻内涵。正是有了老师和同学们的努力,我们学校连续十一年成功创建上海市文明校园,也是上海市行为规范示范校,进入上海市优质培育学校前列。

"工匠精神"可以通俗地诠释为"干一行,爱一行"。党的十九大报告中提出,要大力弘扬劳模精神和工匠精神,我认为这最应该从职业教育开始,从职校学生入手。同学们要认识到"工匠精神"对我们成长成才的重要性;同时也要认识到"工匠精神"的培养不是一蹴而就的,它是日常良好行为规范、良好学习习惯的养成,更是热爱专业磨炼技能增强知识的提升。

近年来,我校还特别关注对学校教师的精神文化建设。作为教师文化的内核和灵魂,教师精神文化是教师发展的精神动力,直接塑造和映射出教师的精神面貌。教师精神包含了教师的教学理念、专业操守、专业尊严以及人际关系等要素,因此,在我校长期办学过程中,我们有意识地去促进教师精神文化的形成,并提供一些支持与保障,例如为提高教职工队伍的凝聚力,我们会定期举办一些面向教师的集体活动,通过教职工合唱比赛与教职工社团活动等集体活动,增强学校教职工的凝聚力,在教育教学和专业技能发展上,鼓励教师构建合作共同体,在合作中共同发现问题,促进共同成长。此外,我校致力于构建具有个性特征的教师精神文化,发扬教师个性和发展专业特色优势,充分保障教师的主体性和专业自主权,实现教师专业自主发展。为此,我校致力于在基本的制度体制的前提之下,为教师提供相对宽松的自主发展环境,激励教师大胆创新,调动教师的创新意识与创新能力。

## 四、行为文化显于为

学校行为文化是全体教职员工与师生在校园工作生活中形成的具有鲜明学校特征的行为表征,是全体教职员工和师生被学校文化影响后所表现出的表层文化。塑造校园行为文化需要开展富有教育意义的校园活动,通过各种活动的载体和平台功能实现"以文化人",其中最直接的实践便是开展文明礼仪教育活动。① 建设学校行为文化,需要加强师德师风建设,让全体教职员工形成认真履行

---

① 余绍龙,黄文辉.文明礼仪教育:学校文化建设应有之义[J].中国教育学刊,2012(07):91—92.

岗位职责的风尚,同时还要注重学生品德与技艺、身体与心灵等的协调发展,广泛开展各项文明礼仪教育活动,健全学生人格,端正学生品行。

学校活动承载了学校的办学理念与办学宗旨,能够有效地将学校文化转化为全体教职员工与学生的行为,活动育人是对学生开展素质教育、培育一批又一批优秀人才的不可或缺的方式。我校持之以恒地结合自身发展需要与目标,精心设计与组织开展了符合学生身心发展特征、对学生有吸引力与引导学生全面成才的学校文化活动。活动突出以学生为主体,主题明确,形式丰富,有利于培育学校文化精神,提升学生素质,促进学生全面发展。

我校的主题文化活动丰富多彩,主题突出,通过国旗下讲话、主题班会、团日活动、板报、橱窗、广播台、主题征文等多种形式和载体,在学生中开展系列主题教育。通过学雷锋、社会志愿者等活动将弘扬雷锋精神与建设和谐校园结合起来,实现学生自我教育和自我管理;通过形式多样的法纪法规宣传活动,提高学生的遵纪守法意识、道德法制意识和网络安全意识;通过开展体育节、艺术节等文化艺术教育系列活动,提高学生的艺术修养;通过开展面向社区与社会的实践活动,让学生接触和了解社会,增强社会责任感,提高学生的人际交往及适应能力;通过开展一年一度的军训活动,加强国防教育,增强学生自我管理、自我规范与爱国意识。开展漫画社、英语社、健美操社、计算机兴趣小组、广播站等学生社团活动,寓教于乐,他们自发组织一些有意义的学生活动,如文化、艺术、体育等系列活动,书法、美术、摄影、才艺、演讲、辩论、知识竞赛和球类等比赛,以此丰富学校文化生活,进而促进学校文化建设。

## 第四节　蕴乎"慧竹"启新程

最近几年,我校一直在努力将学校文化打造成一个品牌,由此开创了"慧竹"文化的相关研究与建设,在此将正在做的和将要做的作为展望。我们在2019年的时候提出要以文化兴校为引领发展学校。

"慧竹"文化,竹子是核心,智慧是时代背景,"慧竹"文化基于以下几个方面形成:

第一,竹子与学校专业特色是比较吻合的。建筑与工程材料、建筑装饰等专业都有绿色、节能、环保的要求,而且,从保障人们的美好生活来讲,也是有这样的要求。第二,竹子非常符合学校的办学精神,因为竹子的生长相对来说不需要多么优越的周围环境,在生态比较差的地方也可以生长出来,它这种不畏艰难、破土而出、节节向上的品质,与材料学校也比较吻合。整个学校从企业到集团办学再到划转到教委并托管到上海应用技术大学,这对于依托行业企业优势开办专业的学校来说,对学校的专业发展、特色打造等方面都是极大的挑战。我一直在讲,学校做任何事情,一定要把自己放在背水一战的位置上,我觉得有了背水一战的精神后,你就会不断努力地去争取。基于这样一些情况,我们的文化品牌素材选中了竹子。第三,基于竹子节节向上的品质,一方面,对学生而言,他们刚刚进校时是破土而出的小竹子,经过培养能够在德、智、体、美、劳全面发展,可以做到"节节向上";另一方面,对老师来说,从初入职场到能够成长为名师是一个"节节向上"的过程,因此,这一文化也对教师成长提出了期待。此外,对于学校各项工作的开展,也体现出了"竹子"的特征。例如,现在的教学诊断与改进工作,这其实也是八字螺旋的,八字螺旋并不是原地踏步,从精品特色专业到示范性品牌专业,再到全国标杆专业群,它是节节上升的,呈螺旋上升趋势。还有我们学校的管理,从传统的管理领域到现代治理,它实际上也是节节上升的过程。

在选取了竹子的品质后,我们在前面加了"慧","慧"是更具有时代特征的一个特质,也是我对学生的期许和学校未来发展的定位。因为,现在整个学校已跨入了"十四五"规划时期,从"智慧"的角度来说,这一文化的提炼比较符合现在智能化、信息化发展的要求。因此,在"慧竹"文化这一品牌树立以后,要将其作为整个学校发展的引领,要把新时代的教风、学风与校风的要求放在更高的水平上,学校在各方面都要做出调整。对于学校文化品牌的打造,主要从以下几个方面破题。

## 一、"慧竹"文化之内涵

### (一)"竹"林丛生,善群共融、智慧发展是学校前行的特征

竹林成片,善群共融。竹虽曰卓尔,却不似松般孤立山崖,而是群居而生,是曰善群;竹根互联、枝叶相亲,是曰共融。回首我校 40 年的办学历史,虽栉风沐雨,却始终保持竹子般强大的生命力,破土冲霄,节节而上,这得益于学校始终坚持竹之善群相依、共进向上的价值引领,坚持社会、行业、企业、学校、家庭"五位一

体"协同育人,通过内部合力、外部借力等方式汇力共建学校美好未来。"善群共融、智慧发展"是学校前行的重要特征,其中体现了温润智慧的办学思想,主要表现在"慧"引领、"慧"管理、"慧"服务三个方面。

"慧"引领。学校把竹之品格精神作为工作开展的关键价值导向,并结合温润智慧的办学思想,通过决策层和教师的科学谋划、统筹布局,把握方向、润智引领、塑风立校,指引学校、教师、学生全面发展。

"慧"管理。学校管理部门始终以"慧竹文化"精神为导向,以竹子般虚心、温润、谨慎、坚韧的精神对待工作,在学校管理工作上各司其职,各展所长,抱团协作,笃志笃行,实事求是,致力于推动学校科学发展。

"慧"服务。学校坚持以学生为本,以教育教学为中心,牢固树立智慧服务意识,为学生健康成长、专业品牌建设、教育教学改革提供系统、优良的物质环境与温润、和谐的人文环境。

我校通过以上三方面的协同努力,汇聚各方力量,营造"善群共融、智慧发展"的校园氛围,向着高水平现代化职校阔步迈进。

### (二)"竹"根坚韧,顺势而变、开拓创新是专业建设的理念

竹,根系发达,顺势而变。郑板桥曾有诗描述竹"咬定青山不放松,立根原在破岩中"的坚韧不拔之精神,彰显了竹子不畏艰苦、顺势而变、顽强开拓的特点;而苏轼的"宁可食无肉,不可居无竹"则是道出了当竹子与人们的居住环境联系起来的时候,其作为一个自然元素所代表的绿色、环保、宜居等特性。这些特点也是学校在专业建设过程中崇尚改革、致力发展、追求和谐理念和智慧的体现。在国家职业教育改革浪潮中,我校专业建设抓住时代新机,把握发展趋势,扎根学校办学特色,紧跟行业发展步伐,顺时通变、开拓创新,始终坚持"以市场为导向、以改革为动力、以质量求生存、以特色求发展"的专业建设理念,培养"能适应、可持续发展"的技术技能人才。

在新一轮的专业改革中,学校调整专业结构,优化专业布局,使专业建设与行业、企业需求紧密衔接,围绕"慧"生活、"慧"制造、"慧"创联三大主题发扬专业之"慧"。

"慧"生活是把竹之绿色、环保、宜居的精神内涵根植于材料、装饰、环保以及未来医药检测等精品特色专业人才培育方向,以"慧竹"精神诠释专业旨归的全新

内蕴,"应用绿色材料,服务品质生活"。

"慧"制造体现了学校专业建设"顺势而变",主动对接上海先进制造业发展的新趋势和新需求,开办工业机器人技术应用、飞机发动机维修和机电一体化、生物药物检验等专业,培养上海市先进制造业发展战略所需的智能制造人才。

"慧"创联则是把竹之"开拓创新"作为学校专业建设的活力之源,体现在学校响应"互联网+"时代下的上海市智慧城市建设,基于新兴物联网技术创建了数字媒体和电子商务专业,为数媒和电商行业培育具有一定创新能力的技术技能人才。

三大专业之"慧"引领学校专业的革新与发展,助力我校创办服务国家战略、适应市场需求、满足人们对美好家庭和智慧生活的向往,且最终推动学生生涯发展的特色"慧"专业。

### (三)"竹"性温润,品节君子是教师追求的品格

"品节君子"是学校教师共同的价值追求。"修身立德、慧教致远"是品节君子始终的坚守,竹之品性亦是品节君子乐于追求的品格。"竹本固,固以树德",意指全校教师学习竹的坚定不移、固守根本,以德立身,以身作则,始终不忘教育初心,牢记育人使命,争做品节君子;"竹性温润,温以处世",学校教师亦如竹,淡定从容、严谨自律、内外如一,做具有高尚师德的君子教师,于寒流涌动中坚韧不移,亦不做凌霜傲雪之高姿。学校教师亦将品节君子之坚守以及竹之品格用于教学、用于立德、用于勉志,因而,品节君子之慧,慧在立德、慧在治学、慧在勉志。

其一,慧在立德。中职学生正处于人生的"拔节抽穗期",欲做好德育工作,充分发挥教师育人作用,当先立师德,学校将"慧竹"文化的内涵作为教师立德的重要抓手,不断加强对我校学生品德的培养。

其二,慧在治学。学校通过企业挂职、教师培训、名师工作室、班主任工作室等形式,积极开展"慧"教师队伍建设,倡导教师始终坚持以生为本,坚持教学、教材、教法改革创新,用智慧育人,育智慧之人。

其三,慧在勉志。勉志之慧,指"慧"教师当善作伯乐,心系每位学生的成长,有善于发现学生优点和长处的"慧眼",善于利用各种平台和资源激励学生追求梦想,学生们则如一棵棵有着无限潜能的春笋,在教师的引领下破土而出、节节高升、茁壮成长。

### (四)"竹"之高节,品节材子是学生成才的目标

"品节材子"是材料学子共同的价值追求。"品节材子"有三品,一曰品格,二曰品味,三曰品行。"品"字之形,从三口,寓意"品节材子"追求本固正直、虚心向上、坚韧不拔的品格,质朴无华、清新雅致、高洁隽永的审美品位,以及善群协作、无畏风雨、俊逸潇洒的处世品行。"品节材子"根植于"慧竹"文化土壤,是我校全新的人才培养理念和方向。

行得正、坐得端、走得稳,做有"品"之人,是我校基于"慧竹"文化的内涵对品节材子提出的基本要求和期待。"竹性直,直以立身",品节材子应学习竹的刚直昂然、宁折不屈,做堂堂正正、顶天立地之人;"竹心空,空以体道",品节材子应学习竹之虚心求进,能接受批评、虚怀若谷;"竹节贞,贞以立志",品节材子应学习竹之高风亮节、中通外直,能坚持正义、志存高远,做有"节"之人;"竹性韧,韧以求进",品节材子应学习竹之坚韧、不惧逆境、砥砺前行,在专业领域力争上游、勇攀高峰,这与我校校训"厚德强技,励志笃行"的内涵不谋而合,集中体现了学校对培养"多才艺、有担当、能适应"的"品节材子"的坚持和追求。品节材子之慧,慧在才艺、慧在担当、慧在适应。

其一,慧在才艺。学校以"慧竹"文化为引领,以独具特色的"软技能提升系统"为手段,以社团、活动为载体实施文化育人,通过每年开展的艺术节、体育节、技能节的传统"三大节"以及丰富多彩的校园活动,助力学生综合素养和生活品味的提升,实施"三圈三层五育并举"的育人模式。

其二,慧在担当。在"慧竹"文化的土壤中凝练像竹子一样坚韧能扛、勇于担当的品质,既秉承尚技崇德、踏实专注的精神,也严守职业底线,恪守职业道德,勇于担当,敢作敢为。

其三,慧在适应。根据学校在区域经济和行业发展中的定位,以对接上海市创建生态宜居城市、先进制造业、现代服务业人才需求为导向,着力培养文化基础扎实、专业技能娴熟、实践能力强,"下得去、留得住、用得上"的高素质技术技能人才,使学生能够适应快速的行业变革和复杂的职场环境,不断提高自身可迁移能力,能够顺利就业并适应职业岗位,实现个人可持续发展的需求,像竹子一样节节高升、路路通达。

## 二、"慧竹"文化之建设路径

### (一) 全员共建"慧竹"文化

"慧竹"文化的内涵确定之后,其落实的具体形式需要充分考虑各个主体的意见,让全校所有人都能成为"慧竹"文化的实践者和建设者。具体而言,工会要积极组织教师进行讨论,集思广益做决策。学生方面,学校要充分考虑学生的意见,其作为学校文化的主要建设者,充当着极其重要的角色,在每一项文化建设活动开展之前,要多听学生的声音,充分考虑学生的意见,让他们愿意参与到"慧竹"文化的创建活动之中。在这个过程中,如何调动全体教职工与学生的积极性是文化建设能否成功的关键,因此,我坚持活动的开展必须贴近学生们的生活,跟随学生的兴趣发展顺势而为,学生的积极性有了,配合活动顺利推进,教师们的热情也就调动起来了。"慧竹"文化品牌的打造最终目的是学生的成长,不是为了品牌而品牌,一切都要让学生真正地"好"起来,利用品牌牵引文化建设,利用文化滋润学生出彩。

### (二) 加强对"慧竹"文化的宣传

明确内涵后,要对其进行宣传工作,须知学校文化不是一年做出来的,它可能要3—5年的沉淀。在这期间,对学校文化的反复强调和充分宣传至关重要,不仅要让校内所有人都知道"慧竹"文化,还要让校外的人一看到材料学校就能想起"慧竹"文化,这是我们学校的品牌,是每一个材料学子的徽章。不仅要让学生们能够领悟"慧"的意义,让他们贴近竹子的品质智慧成长,还要让外界,尤其是用人单位,能在我们材料学校的学生身上看到"慧竹"文化的映像,看到我们材料学校培养的学生不仅在学习上坚韧不拔,在工作中同样展现出不怕失败、不怕苦累的精神,并且能够在工作中智慧地成长为一名合格的职场人。

### (三) 将"慧竹"转化为外显的符号

学校文化的重要作用就体现在环境育人,外显的物质文化建设是我们需要加强的。比如,建立竹文化展览厅,在校园围墙和黑板报上呈现"慧竹"元素,将各个教学楼改为与竹相关的名称,在校内开辟竹园以及以竹命名亭台楼阁,设立以竹命名的奖学金,在电视台新闻中一直强调"慧竹"文化等。一直以来,我们没有停下过对学生文化熏陶的脚步,现在有了"慧竹"文化作为依托,希望能够让学校文化在他们心目中有画面感,而并非总是看不见、摸不着,说不清、道不明的,有了具体形象的依托,能够帮助学生将他们心目中的隐性文化快速塑形,有了坚定的指引,这些外显的符号就能时时指引他们,提醒他们,让"慧竹"文化的"竹苗"在他们心中生根发芽。

### (四)将"慧竹"文化融入活动之中

我们在设计活动的时候,要将"慧竹"文化不断渗入到师生的每个细胞里面去。必须从学生入校开始,在整个学校学习阶段都能够不断地渗透,这样才会留下"慧竹"的文化烙印。要在一开始就把"慧竹"精神灌输进去,使学生了解我们学校的文化,并且认同"慧竹"文化,也可以举行有关竹子的诗词朗诵活动,让学生深刻理解竹的品质,在传统竹文化的感召下无形中陶冶情操,接纳并认同学校文化。我作为学校的领导者和教育理念的践行者,最怕的就是理念推行过程中出现"剃头挑子一头热"的情况,如果学生们不能深刻理解"慧竹"所包含的意义和对他们的期许,就无法实现文化的浸润和引领作用,学校文化的建设和品牌的打造也会变得流于形式。因此,让学生们深入了解、领悟"慧竹"精神至关重要。在实践过程中我发现,一味地宣讲、贴标语很难走进学生的心里,因此,我认为要将"慧竹"文化的内涵融入活动中,让学生在活动中感悟"慧竹"内涵,快乐、健康地成材。

### (五)保障体系

为了落实"慧竹"文化,学校要从各个方面提供支持。具体而言,要完善领导的决策监督机制,发挥教师工会的作用,建立契合"慧竹"文化的校风、学风和教风,建立完备的学生社团活动规章制度,保障各项活动的有效开展。活动中传达给学生的文化精神主要还是以隐性、默会的文化为主,需要一定的规章制度进行保障,以约束学生们的行为。在文化建设保障体系方面,我也是跟着学校领导班子摸着石头过河,通过不断地在实践中总结经验、反思,加上一定的理论研究,不断优化以制度建设为主的保障体系建设。

经过初步探索后,我们对"慧竹"文化品牌建设的经验历程进行了总结,如图4-1所示。

文化品牌的打造首先要结合学校的实际情况和时代要求以选择合适的文化

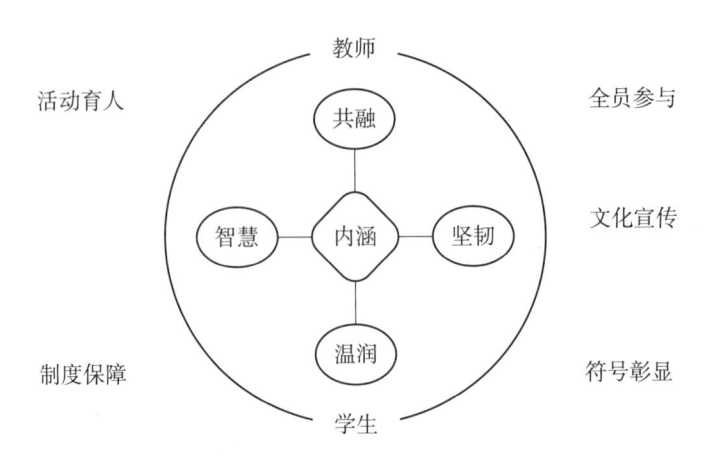

```
        教师
活动育人    共融      全员参与
     智慧─内涵─坚韧   文化宣传
制度保障    温润      符号彰显
        学生
```

**图 4-1 "慧竹"文化品牌打造经验历程**

内涵和符号。根据我们材料学校的特色以及一直以来对学生能够像竹子一样坚韧不拔、节节向上、日日成长的期许,并结合现代发展中"慧"的核心价值观,提出了具有材料学校特色的"慧竹"文化,我们将它的内涵定位在共融,希望学生具有较好的适应力,能够适应并融入不同的环境中,与社会共融共建。坚韧,希望学生具有坚韧不拔的优秀品质,能够在学习和成长的路上克服各种困难。温润,一是代表我一直坚持的治学理念和思想,希望能够依靠温暖、温柔的文化和人文关怀来滋润学生的心灵;二是代表对学校老师树立温润君子,为师立德的期许;三是希望学生能够以老师为榜样,成为"品节材子"。智慧,包含的是一种大愿望、大目标,不仅希望学生能够勇于创新、智慧成长,也希望老师可以智慧发展,在教师领域出色出彩,更加希望学校未来可以智慧建设、长远规划、理性发展。在整个学校文化建设中,参与主体是学校全体教职工和学生,并把教师和学生放在最为重要的战略地位,建设路径通过全员参与、文化宣传、符号彰显、活动育人和制度保障来稳步推进。

# 第五章
# 回望：温润智慧办学思想的框架体系

　　追溯温润智慧办学思想的源头，它植根于我的教师梦之中，并在我对教育事业持续的热情中逐渐浓厚。最初的教师梦是受到初中班主任的影响，从那时开始，我便朝着这个梦想一步步前进。初中时，班主任任雪雯老师对学生在学习中的粗心情况尤其严格，她的名言"小洞不补，大洞吃苦"烂熟于我心，使我养成注重细节这个习惯，这成为了之后我办学思想的一个重要特点。同时，因为出生在知识分子家庭，原生家庭氛围和妈妈的榜样效应塑造了我人格的健康成长，影响了未来从事教师职业的路径选择。在四年政治法律专业师范生学习生涯后，经过一些机缘巧合，我来到了材料工程学校，走进了职业教育。初入职场，在教学相长中，在点点滴滴所积累起来的教学经验中，我的温润智慧的教育思想慢慢生成。教师的工作经历使我更加了解职业教育，理解职业教育的学生，培养了我的创新意识，点燃了我的教育热情。在团委工作管理岗位上，我树立了全局观念，从此以后，一直坚持"大家好，才是真的好"的信念，希望用办学思想指导学校改革，温润智慧教育思想持续成长。走上校长岗位后，我在从适应到胜任的过程里克服了诸多困难与压力，丰富了学校管理的理论与经验。同时，校长角色也塑造了新的"我"：更加希望通过规范管理制度、深化管理质量、关注课程教学改革、丰富合作办学主体等方式加强教育教学质量，通过教科研求突破，提升师资队伍整体素质。同时，我自己总结出一个座右铭——"有声有色地工作、有滋有味地生活、有情有义地待人"，融合在"温润智慧"的办学思想之中。由此，"温润智慧"的办学思想在我的教学和办学经验、党和国家教育政策指引和材料工程学校的办学基础上总结与凝练出来，它是个性特征、时代特征与组织特征的有机融合。

## 第一节　温润智慧办学思想的价值观念

一路走来,温润智慧的办学思想逐渐在我的足迹里生根发芽,今天,我回望这一路的收获与成长,发现这一思想已悄然改变了许多。那么,温润智慧的办学思想究竟为何？它又是怎样形成的？以下我将从办学思想和理念、办学思想的理论依据、办学理念的特色、办学思想的核心价值观几方面加以阐述。

### 一、办学思想和理念

按照中职教育规律,从学生实际出发,紧紧依托建筑建材行业,学校确定了"以市场为导向、以改革为动力、以质量求生存、以特色求发展"的办学理念和"营造一流校风、培育合格人才、建设品牌学校"的办学目标。通过聚焦课堂教学等活动,促进"正己、爱生、乐教、奉献"教风的形成;通过规范学生一日行为等活动,积极倡导"明礼、守纪、勤奋、自强"的学风;在树立良好教风、学风的基础上,逐步形成"自尊、理性、超越、和谐"的校风,旨在乐教奉献,育德育人。坚持"规范运行、特色凸显、质量发展"办学方针,努力培养适应社会发展的技术技能型人才,形成"厚德强技、励志笃行"的校训。根据职业教育新态势和学生终身发展的新要求,学校对"三风"赋予了新的内涵:"修身立德、慧教致远"的教风、"直以立身、韧以求进"的学风;"和谐温润、日新向上"的校风。

### 二、办学思想的理论依据

#### （一）政策导向

2019年,国务院颁布的《国家职业教育改革实施方案》中明确指出"职业教育与普通教育是两种不同教育类型,具有同等重要地位""没有职业教育现代化就没有教育现代化"。当前,本市正加快落实习近平总书记交给上海的三项新的重大任务,加快建设"五个中心",全力打响"四大品牌",产业升级和经济结构调整不断加快,城市发展对高素质技术技能人才的需求愈加紧迫,职业教育的重要地位和作用更为凸显。由此,作为校长,应充分发挥其引领作用,校长的办学理念集中反映了校长的思想高度,深深影响着学校的建设内涵与发展方向,办学理念的体系化对学校整体建设意义重大。

### （二）团队智慧

"大家好,才是真的好。"这句话让我心中时刻装着集体,心里始终惦念着集体的繁荣和发展。什么是"大家好,才是真的好"？学生在学校学习,职业能力得到了提升,他们能为自己营造良好的发展空间,这就是好；教师在这里工作感到幸福满意,乐业敬业,这就是好；学校能走出自己的特色发展之路,常盛不衰,这就是好。事业的繁荣和发展离不开团队的紧密协作和配合,离不开师生的关爱和支持,"众人拾柴火焰高",是我的团队给了我智慧,给了我力量,我们这个团队和集体才能走上永不停步的发展之路。我自己好不是真好,我们集体好了、团队好了,这才是真的好。

### （三）学校实际

面对现实,我和我的团队提出了"以市场为导向、以创新为动力、以质量求生存、以特色求发展"的办学理念。学校有特色,当然要以良好的学风和教风为基础。我和我的团队提出了"加强校风建设、规范学生行为"的任务,经过努力扭转了不良的学风和教风,"爱学、乐学、乐教"成了我校的主导风气。我们又根据学生自身的特点,建立了规范的课改体系,开发了新的教学内容,充分发挥了学生的个人特长。

## 三、办学理念的特色

### （一）重视对细节的把控

对细节的把控贯穿在我办学的整个过程,我认为作为校长不仅仅要着眼于宏观方向的判断与抉择,更要在具体细节里深化呈现,细致、细心的性格特点对我的一生产生了重要影响,也在办学理念中得以充分发挥其优势。所谓的细节是什么？就是"不放过""不忽视"任何一个问题。一般来说,问题包括很多,如学校层面需要解决的问题、老师与老师之间发生的问题、部门与部门之间的问题等。这些在学校运行中产生的各种复杂问题,都需要合理地被解决,同时与校长的重视程度与解决效果息息相关。如果没有细心、细致的要求,问题将遗留,长此以往,将为学校的顺利运行埋下隐患。

## （二）怀有兴趣与激情

我做老师时保持着一贯特点——对任何事情都充满着一种激情、好奇和兴趣，我相信这对于校长的持续进步和长期发展有着重要意义，也将兴趣和激情贯穿到办学思想中去。通常情况下，在校长位置任职到一定时间节点，会产生职业倦怠，人们常说"新官上任三把火"，前两年刚上任做校长时充满干劲与思考，而在后期疲于改革与创新。然而，我因为这一独特的性格特点，对任何事物，或者说变化——明天发生的跟今天不一样的，始终怀着强烈的兴趣与好奇，这促使我不断去接受一些新知识、新理念，不断地学习和提高校长能力。从2008年开始参加上海市第二期名校长基地培训，之后担任第三期名校长基地的副主持人，再到第四期成为名校长攻关基地主持人；2018年成为上海中职首批"领航班"6位学员之一。从2008年到2020年，我从来没有停止过在校长岗位上的学习，这对于成长为新时代所需要的优秀校长有着不可忽视的作用。

## （三）关注身边的每一个人

我的性格友善和蔼，作为一名女性管理者，我倾向于关注身边每一个人，关注每一个人的需求与问题，能够进行换位思考。学校办学过程中存在各种关系与参与主体，包括学校的对外关系，办学需要与一些合作对象沟通交流以使项目推进与资源置换；对内关系里存在与老师、学生交往的问题，我认为要关注每一个人在交往中的感受，或者说他们的一些关注点，这样更能为他们进行换位思考，建立良好的沟通，满足他们的需求，解决存在的问题，与各种学校相关主体保持和谐共生的关系更有助于学校的良好运行。

## （四）帮助与善待每一个人

希望助人成功，希望赋能学生和教师是我办学理念的第四个特点，我希望能够给予身边每一个人更多的机会与加持去引导他们的成长与发展。鼓励学校中的教职员工持续提升自己的能力、发展教师道路，通过一些项目、比赛进行历练，打磨教育教学成果。他们获得成功时，我会为他们感到开心与欣慰，因为能够为他们取得一些成就而有所助力是一件令人具有满足感的事情。归纳起来，我觉得做领导不是依靠领导威信与权力、地位，而是在于行和心。如何用自己的行动，自己的一颗心去打动别人，这十分重要，具有这种素质将对校长的工作大有助益。

## 四、办学思想的核心价值观

### （一）学校观

学校应依托建筑建材行业产业链，大力开展特色品牌专业和品牌专业建设；成立教育信息化建设领导小组，积极推进"智慧校园"建设，实现教育教学、管理服务信息化。学校积极发挥党委政治核心作用，加强对工会、教代会、校团委的领导，积极支持学校教育教学改革，关心教职工的思想、工作和生活，充分调动全体教职工的积极性；设党建办，加强对学校党员干部的培养、教育、管理和监督，做好统战工作；积极支持团委发挥桥梁纽带作用；建立以教师为主体的教职工（代表）大会制度，保障教职工参与学校民主管理和进行民主监督。学校应建立健全校园安全制度，制定校园安全应急预案，定期开展安全教育，组织安全演练，加强校舍、交通、消防、饮食卫生、周边环境治安以及教育教学安全管理，防范安全事故。

### （二）学生观

学生方面，要培养学生成为具备软硬双重技能的高道德人才。硬技能就是一些专业技能，与专业建设和专业发展相关联，主要通过订单式、冠名班、工作室模式、工学交替、成立联合实验室等方式进行人才培养。但是，学生不应只具备专业知识与基本技能，还应在学校教育中建立良好品德，掌握软技能，达到立德树人，软技能促进学生"慧"成长的目标。建设以学生软技能提升为中心的德育体系，研究建立科学合理的软技能内涵指标体系。该体系包含"天赋层""修炼层"和"应用层"三个层面。与此相对应，构建了学生软技能提升培育平台，从整体上提升学生的软技能水平，培养"多才艺""有担当""能适应"的技能人才。同时，倡导学生个性发展，鼓励学生社团建设，培养学生"工匠精神"。

### （三）教师观

教师是学校办学思想、教育方针、政策的执行者，他们对学生的接触是直接的、频繁的，教师给学生"传道、授业、解惑"，其思维方式、治学态度、行为准则无不直接影响着学生的品德言行、知识的积累和才能的增长，因此，要注重师风师德建设。教风是教师教育教学活动中表现出来的精神状态和工作作风，是教师的教学思想、教学方法、教学风格和教学态度的集中表现，对校风的形成起着决定性的作用,是校风建设中的主导因素。我校重视带动师资队伍整体素质的提高,通过"请进来,走出去"模式,大力开展"双师型"师资队伍建设,鼓励教师参加职业资格技能培训以及获取职业技能等级证书。

### (四) 教学观与教材观

注重教学诊断与课程教材改革,设教研组,教研组长负责领导、组织教师进行集体教学研究。教研组定期开展教学研究活动,根据学校安排参加各类培训和学术活动,贯彻落实教学计划,完成各项教学任务。实行以学分制管理为核心和基础的教学管理制度,贯彻国家课程、专业课程和校本课程的管理体制,认真执行国家和专业课程计划,积极开发校本教材,形成学校特色课程体系。按照课程设置标准实施教育教学,确保开齐课程,开足课时。学校需要充分发挥学科课程和综合实践活动课的整体功能,尊重学生的成长规律和教育规律,对学生进行德育、智育、体育、美育和劳动技术教育,提升学生综合素养,促进学生全面发展,学有所长。

### (五) 质量观

围绕办学定位和人才培养特色,为建立持续自我改进和优化的人才培养质量保障机制,促进教学过程质量监控规范化和常态化,学校研制了内部教学质量评价标准,对教学关键环节的数据进行实时采集,比照质量标准进行分析,以可视化的数据呈现方式,及时反馈和预警教学工作状态,为教学管理调控和教师评价考核等全方位、全员性和全过程的教学质量监控提供技术支撑和全面客观的决策依据,形成并完善了全过程、实时化监控的教学质量管理系统,构建教学质量保证体系,由制度规范转向深层的意识自觉,营造质量管理文化。

### (六) 发展观

学生要发展,要有好的前途;教师要能在自己的教学岗位上有所建树,我们不能等、不能靠,"发展是硬道理""物竞天择、适者生存",不发展就是退步,发展的步子慢了也难以生存。为此,学校推行了"继承和发展、制度和执行、合力和效果"的发展战略,学校走上了良性发展道路。我体悟到:学校要好、要发展,做校长的只有具备大视野,心怀全局,才能站在很高的高度上谋划学校的发展,把学校文化做大做强,才能引导学校成为强校和特色学校。

基于上述,形成六位一体的温润智慧办学思想核心价值观,如图 5-1 所示。

```
              学校观
       教师观        质量观
           六位一体
       学生观        发展观
             教学教材观
```

图 5-1 温润智慧办学思想核心价值观

## 第二节 温润智慧办学思想的结构维度

总体而言,温润智慧的办学思想主要包括学校管理思想、专业建设思想、课程建设思想、教师管理思想、学生管理思想、校企合作思想几大方面,每一方面都有其具体的思想内涵,长期以来,这一思想指导着我校各方面的日常工作与管理建设,下面将逐一进行阐述。

### 一、学校管理思想

建立"领导重视、组织落实、体系完善、流程清晰、标准规范、全员参与、全程实施、信息反馈、过程监控"的学校运行管理标准化机制,实现依法治校、固本强基,提升学校内涵建设的专业性和科学性,真正做到以制度管人、以规范做事、用完整科学的管理办学。

学校管理的出发点是学生,校园安全影响着每个学生的人身安全,是能否培养出德智体美劳全面发展学生的基础,也是学校办学立身的前提。安全底线在学校管理工作中有着一票否决的重要地位。从狭义上说,学校以学生为中心,保障学生的人身安全是学校一切工作进行的前提条件。首先,基于安全因素考虑,同时也是出于学校自身的担当,在 2005 年的时候学校提出了封闭式管理制度,即学生从周一进校以后都在学校活动,一直到周五才能离校。其次,落实安全教育。学校按照国家课程标准和地方课程设置要求制定学期、学年安全教育计划,根据学生的特点对学生开展安全教育和安全技能培训,提高学生的自救、自护和互救能力。除此之外，学校还对设施设备安全、周边社区安全、公共卫生安全等方面的安全隐患进行了整治和排除，并结合学校实际状况，制定了适合本校特点的安全管理规章制度，从食堂、宿舍、教学和实习等方面进行全方位考虑，将学生可能遇到的危险以及解决方案都进行全面设计。同时，学校还加强了对安全管理工作人员的素质建设，设置综合治理办公室，对其展开培训工作，增强其安全意识，定期对可能存在的安全隐患进行排查，确保校园的安全管理，致力于打造平安校园。

重视文明校园建设，打造文明集体队伍。得益于对文明建设的重视，学校连续22年被评为上海市文明单位（文明校园），在全国的文明风采活动中获得了很多奖项。学生积极参加全国文明风采活动、星光计划、阳光体育比赛等，都取得了卓越的成绩。同时，我意识到文明校园的建设离不开强有力的德育工作，因此，在高度重视学校德育工作建设的情况下，学校获评了上海市家庭教育示范校。此外，在不断加强对学生国防教育的过程中，学生的国防意识、国家荣誉感大大增强，学校也因此荣获教育部国防教育先进集体。

## 二、专业建设思想

在专业建设方面，根据多年经验，我提出"围绕市场、依托行业、传承优势、适应变革"的思想，并坚持"人无我有、人有我优"的办学思路，力求打造我校的专业品牌，主要包括以下几个方面：第一，"传"和"转"。传承建筑与工程材料、建筑装饰、机电设备安装与维修三个上海市示范性品牌、品牌专业优势；突破传统建筑建材行业产业链的局限，主动融入上海"四大品牌"战略发展，响应人民实现小康后，迫切对更高品质居家、更安全环保的大环境，智能与智慧完美结合的美好生活相关的行业产业等。第二，"调"和"立"。调整重复设置率高、优势不明显的数控专业，做强中美合作飞机发动机维修专业、新设工业机器人专业等。第三，"融"和"通"。如根据材料专业群发展特征及发展趋势，打造宜居＋健康＋环保"慧生活"特色职业素养课程；基于物联网技术的数媒和电商专业注重与"互联网＋"时代的智慧数字互联互通；校企之间跨界融通，选择效益好、影响力大的行业企业，参与专业建设的各个环节（人才培养方案、课程、实训、教材等）。具体实现方式如下。

### （一）面向区域产业协同的专业结构布局

适应上海建设国际经济、金融、贸易、航运中心和社会主义现代化国际大都市的需要,适应加快现代服务业和先进制造业发展、形成现代服务业与先进制造业相互支撑相互带动的产业发展格局的需要;适应区域经济和各行业对生产服务一线知识型、发展型技能人才培养的需要;适应学生职业生涯发展和终身学习的需要,对接新基建战略需求和满足人们对美好生活的向往,打造以材料应用专业群为引领,智能制造专业群、数字云创专业群为支撑的1+2专业群新格局,材料应用专业群争创全国标杆专业群,增设工业机器人技术应用和生物药物检验专业。

### (二) 依据专业教学标准落实课程建设

近年来,我校注重课程与教材改革实践的推行,以机电专业为例,该专业以加拿大的CBE(以能力为基础)模式来培养学生,该模式强调的是职业或职业岗位所需能力的确定、学习和运用,打破了传统的"三段式"教学模式,按照工作岗位的需要,注重学生技能的培养,采用理论与实训一体化同步教学模式。为保证所开设的专业课程兼有时效性与科学性,我校在设计课程前进行翔实的市场调查,对人才需求情况、区域产业的发展情况、学生以及家长的就业意向等进行调查和预估,提高了课程的针对性与效率,以保障人才培养的质量。

### (三) 多维度评估推动专业内涵发展

建立多维度评估,是中等职业学校教育教学质量保证的重要组成部分,也是促进专业内涵建设的有效途径。从不同层面、不同主体、不同角度对学校教育教学进行多维度评估意义重大。作为学校发展的核心,专业建设也时刻注意通过多维度评估指标的导向作用使其内涵不断丰富。

## 三、课程建设思想

加大课程体系改革力度,完善教学评价体系是材料工程学校发展的必然要求。课程建设以培养职业能力为核心,深化课程体系与课程内容改革。为确保课程体系改革的顺利进行,学校特颁布《课程体系改革实施意见》,努力贯彻上海市教委颁布的专业教学标准,积极探究课程教学方法改革,本着"必需、够用、实用"的文化基础课程改革原则,坚持"宽基础、强能力"的育人本位,实施基础课程分层教学,夯实学生的文化基础知识,提高学生适应社会、适应企业的本领,促进学生综合素质与职业素养的提高,从而构建学校科学的课程体系。鼓励"以赛促学、以赛促教",培养创新能力,将各类比赛要求融入课程教学。

课程建设思想主要体现在课程建设内容的各个部分:课程介绍主要通过微课形式介绍课程性质和定位,并同时概述该课程的主要学习内容和学习方法。通过课程介绍,使学生明确学习目标与要求。课程团队建设结合专业教学要求,牵头集体教研,讨论并实施行动导向教学法;交流经验,对接社会岗位,形成工作任务为主的典型案例,并由此深入课程建设。课程标准上要求完成课程整体设计内容:课程定位、课程设计理念、分析行动领域、确定学习领域、创建学习情景、确定课程目标、课程重点与教学手段。教材方面要求,一是编写以任务为主线,以够用为度,根据实际需求设计任务,编排内容,从"任务"着手,分析完成"任务"的方法与步骤,并留有让学生自主探究完成"任务"的方法与步骤的空间;二是体现以解决实际问题来带动理论学习和工具软件操作的特点,强调操作,辅以必要的理论学习,让学生在完成"任务"的过程中掌握知识和技能,培养学生提出问题、分析问题、解决问题的综合能力。授课计划上要根据专业特点和学生的接受程度制定授课计划,科学合理地分配教学内容,突出重点与难点,加强督导,使得学有所长、学以致用。电子教案根据专业和学时要求,对教学内容进行合理安排,优化整合教学资源,突出任务引领为主的行动导向教学法。实验实训条件建设针对机房系统的维护与更新、课程所需软件的安装以及调试、投影仪及教师端教学控制程序的运用。数字化资源建设课程包括宣传片和微课的制作,配套的教学资源包及教学视频的编录,作业合集的整理,课堂教学评价系统的开发。教学评价要根据量化评价标准,激发学习兴趣;评价内容贴切,符合认知规律;渗透"做中学""学中做"的职教理念。

## 四、教师管理思想

### (一) 师德师风建设与制度设计

师德是提高教师素质的核心,是做好工作的前提,教师只有具备高尚的职业道德,才能产生提高自己业务的强烈愿望,才能克服种种困难,全身心地投入到工作之中。树立师德典型,激发师德情感,坚持他律与自律并举,重在内化,发挥主观能动性,通过学习、谈心以及丰富多彩的活动,在教师中形成热爱工作、乐于奉献、勤奋工作的氛围,为提高学校的教育教学质量奠定坚实的基础。

## （二）教师队伍建设与分类管理

### 1. 注重专业(学科)带头人培养工程

专业带头人的选拔和培养是教学团队建设过程中的关键环节，带头人的水平关系着专业发展的方向。带头人是师资队伍的佼佼者，可直接选择专业内德高望重的教学名师担任。专业带头人要求能够主动学习，了解国内外职教动态，把握专业发展方向；能主持专业调研、核心课程建设、实训室建设以及为企业提供服务；每名专业带头人负责两名青年教师（或新进教师）的专业指导工作；每年做一次学术交流报告或发表一篇论文；每年为社会进行培训、为本专业教师开展专题讲座。制定名师培养计划及阶段性目标，明确发展方向及途径，配套保障政策，创造良好的教学和科研条件，并且做好名师工作室履职考核工作。

### 2. 注重骨干教师培养工程

对于 35 岁以下、具有中级以上职称的骨干教师，采取提升学历，选送教师参加各级各类培训，并且在名师的指导下，通过开展市级课题研究，在相关专业开展实践性教学等，促使他们尽快成长为专业建设中的骨干，成为具有系统的教育理论基础和丰富的教科研实践经验的教学能手，能够独立胜任专业教学和实训教学，参与课程建设和教材编写。

### 3. 注重青年(新)教师培养工程

实施"以老带新、以新促老、师徒结对、共同提高"的"青蓝工程"。教研组、专业部以及教务部等形成合力，共同加强对青年（新）教师的关心，帮助他们做好职业规划，为他们提供更好的成长空间。

### 4. 注重企业兼职教师队伍建设工程

建立相对稳定的兼职教师资源库，聘请有良好工程背景、技术背景或有丰富实践经验的工程技术人员和专家作为学校的兼职教师，指导专业建设、课程建设、实验实训基地建设，举办技术讲座、承担课堂教学、指导实习实训等。

### 5. 公共基础课教师专业素养提升工程

公共基础课教师在本学科教学之外，对学校相关专业群的专业教学内容、对应的行业背景、专业对应的就业方向等应有一定了解。学校拟对公共基础课教师进行学校所开设专业的基础知识培训,并制定公共基础课教师企业文化体验的活动方案。

### (三) 教师职后培训与专业发展

#### 1. 注重对新进教师的管理与考核

根据《上海市材料工程学校师资队伍建设规划》要求,为了新进教师尽快适应学校的教育教学工作,着力加强新进教师的培养培训工作,学校将采用多种形式和途径为青年教师提供锻炼的舞台,优化管理与考核,促使其脱颖而出,成为学校教学的骨干力量。

#### 2. 开展教育教学专项培训

以跨专业、跨学科为目标,进一步扩大目前已有国家级、市级骨干教师培训、国际交流学习、技能培训及假期下企业挂职锻炼的范围,并积极开展校内培训,进行专业教师的教学及科研能力提升,对师资队伍中的基础课教师、新进教师、青年教师进行专业提升。

#### 3. 组织教科研活动

(1) 开展教研活动,定期开展教学评优。
(2) 鼓励教师申报国家级、省(市)级及校级科研课题。
(3) 鼓励教师提高论文发表的数量和质量。
(4) 鼓励教师参与课程教材改革。

#### 4. 建立导师制度

通过实行导师制度,对青年教师进行专业知识及教学技能等多方面的传帮带。由教研室为每位年轻教师指定学校名师、专业带头人作为指导教师,负责指导年轻教师学习、听课、上课、指导学生实习、参加课题研究等工作。学校对于"导师制"工作制定计划,认真落实,每个学期召开有关座谈会,对青年教师培育进行总结。

#### 5. 认真落实专业教师企业实践活动

建立教师下企业锻炼的长效机制。专业课教师每两年必须有两个月到企业或生产服务第一线进行专业实践,提高专业技能水平和实践教学能力,尽快成为真正的双师型教师。鼓励中青年专业教师通过深入企业实践和培训,参加劳动保障等部门组织的职业技能鉴定,具备技师及以上职业能力,努力形成一支教育教学的中坚力量。

#### 6. 鼓励教师参加各级各类技能竞赛

鼓励每位专业课教师积极参加各级各类技能竞赛。通过竞赛,最大限度地调动教师的学习热情,使他们关注学生的实训和实习,通过竞赛促进实践教学,提高教师的实践技能,才能提高学校的教学质量。

#### 7. 加强"双师型"教师队伍建设和管理

学校出台《学校"双师型"教师和双师素质教师界定办法》,规定学校认定凡具有中等职业学校教师中级职称及以上,同时取得劳动局与专业相关职业资格证书高级及以上等级者为"双师型"教师,或具有中等职业学校教师资格证书,同时拥有工程师、经济师、会计师等职称的教师为"双师型"教师。学校认定在编在岗的中等职业学校教师凡参与各级各类企业顶岗实践项目(每两年不少于两个月)、校企合作研发项目,或参与各级各类职业资格相关培训者为双师素质教师。

### 五、学生管理思想

#### (一)以全体学生为对象的德育管理

我始终坚持"为了每一个学生的终身发展"的教育理念,坚持育人为本、德育为先,全面实施素质教育、促进学生全面而有个性地发展。学校不放弃每个学生,我也从不否定任何一个学生的成长潜力。根据个体性格特点与优缺点,因材施教,施以不同的教学方法与手段,规划不同的发展方向和培养路径,注重德育与思想教育,关注道德品质的渗透培养,实现全体学生的道德共同发展。

#### (二)以学生综合素养提升为目标的自主管理

##### 1. 健全制度

根据"为了每一个学生的终身发展"的宗旨,学校制定了一系列体现其理念并具备保障作用的细则,提供制度保障,为全面实施素质教育,实现促进学生自我发展、专业发展、健康成长的教育目标,培养多才艺、有担当、能适应的材料学子。

##### 2. 贯彻落实有力

学校不仅利用课堂教学、主题班(队)会、专题讲座、开展综合实践活动等对学生进行行为规范教育,还充分利用国旗下讲话、宣传栏、好人好事表扬、班级板报等宣传阵地,结合重大节日,挖掘各种教育素材,对学生进行生命安全教育、爱国主义和民族精神教育。通过每月一主题的墙报评比、每周一重点的学生行为抽查,每周一次的文明班评比活动,促进班集体的形成、班级文化建设和学生行为习惯的养成,促进学校的精神文明建设,使学生达到自我管理、自我教育、自我学习、自我发展、自我服务的目标。

### (三) 以适应岗位为导向的软技能培养管理

学校制定软技能学分评价体系制度。该制度坚持"为了每一个学生的终身发展"的教育理念,坚持育人为本、德育为先,全面实施素质教育、促进学生全面而有个性发展。以日常评价和学生的成长记录为基础,融入校园文化建设和职业道德教育,力求内容全面、客观,程序科学、规范,关注学生的全面协调发展,关注学生的特长和潜能,发挥软技能评价对学生终身发展的促进功能,建立科学的中职学生发展性评价体系。通过软技能评价,使学生不断认识自我、发现自我、完善自我,实现"成人、成才、成功"的目标。软技能评价既要注意对学生、教师和学校的要求,也关注个体差异以及对其发展的不同需求,为学生成长、教师和学校发展提供一定的空间,在此过程中坚持立德树人原则、多样化原则、激励性原则、科学性原则、互动性原则。软技能评价的主要监测点分为:第一,个人素养,如学生参加集体活动及社群活动的情况、诚实守信、仪容仪表、日常行为规范表现等;第二,社群素养,如参加社区或社会公益实践活动等;第三,职业素养,如平时的自我管理、参加企业学习、见习、实习等情况。

## 六、校企合作思想

我一直认为,校企合作是培养高素质劳动者和技术技能人才的内在要求,作为职业教育的基本办学模式,也是办好职业教育的关键所在。新形势下,须在各个专业积极探索产教融合、校企合作新形式,推动专业建设适应产业升级、技术发展,促进专业人才培养提升与创新、推动"双师型"队伍建设这三方面开展研究与实践,搭建产教深度融合平台,把职业教育人才培养目标与行业企业人才需求有机统一,构建"多元参与、校企双主体、动态灵活"的产教融合模式,主要形式是分层递进、顶岗跟单、生产性的校企合作中心。

## （一）校企联动共建生产型联合实训中心

校企联动建设有真实生产环境的实训中心，使教学环境与生产环境结合，企业文化与校园文化融合，利用真实的工作环境来提升学生的职业素养，实现学生即员工，员工亦学员的职业生涯发展目标。上海市材料工程学校与上海轻工环境保护压力容器监测总站（监测总站）在多年合作基础上，双方于2013年达成共建共享的合作协议，在企业内部嵌入建筑面积800平方米的生产型联合实训中心，中心于2014年1月建成并投入使用。中心场所在企业内部，为学校实践教学提供真实的企业环境、真实的工作流程、与企业同步的工作任务和企业的教学老师，为学生提供一种浸润式的岗位学习，以企业员工要求评价学生，培养学生对接岗位必备的操作技能和职业素养。

## （二）创新"分层递进、定岗跟单"的实践教学模式

依托生产型联合实训中心，探索形成了"定岗跟单"实训教学模式。"定岗"是指确定岗位能力，实现专业与企业岗位对接、课程内容与职业标准对接；"跟单"是指教学过程与生产过程对接、学历证书与职业资格证书对接。在实践中形成了分层-递进"定岗跟单"实践教学模式。分层-递进是指因材施教、循序渐进的教学策略：在专业基本理论和技能训练阶段，按任务布置、企业师傅示范、学生实施、师傅评价组织教学；在专项技能训练阶段，进行任务分解、师傅带教、学生生产、企业考评；在综合技能训练阶段，接受任务、学生顶岗，使学生完成角色转变，使学生成为"准"职业者。"定岗"是指确定的岗位能力，实现专业与企业岗位对接、课程内容与职业标准对接；"跟单"体现了教学过程与生产过程对接、学历证书与职业资格证书对接。

通过对这种温润智慧办学思想方方面面的总结，在六位一体的核心价值观之上形成了五位一体结构的办学思想，如图5-2所示。

图5-2 温润智慧办学思想结构图

## 第三节 温润智慧办学思想的外部特征

我常常思考,温润智慧的办学思想之所以能够指导我校各项工作顺利平稳进行,推动学校长足发展,其独特之处在哪里呢?或者说,为何是这一思想,而不是其他什么思想,成就了材料学校今日的作为?究其原因,主要是因为温润智慧的办学思想具有几大特征,即大胆改革、致力发展、追求和谐、不畏艰难。

### 一、大胆改革

我作为学校的领导者,从不畏惧变化,以"不变应万变"的老话无法让学校在快速发展的现代社会中获得成长和发展,因此,我大胆改革,扎实前进,积极实施学校变革,培养适应新时代、新要求、新技能的学生来适应现代多变的市场和社会。学校的变革根本上是课程教学的变革,学校的发展是通过课程设计来体现学校发展的核心竞争力和特色追求的,而学校课程的有效实施依赖于教学的质量和效益。材料工程学校作为一所中职学校,服务社会经济发展,为区域提供技术技能人才是我们的使命和责任。

坚持以就业为导向,实施课程体系改革,2010年构建"必需与实用"的文化基础课和专业技能课,使理论与实践更好地融为一体,让学生在取得毕业证书的同时,获得多种"职业资格证书"。同时,进一步调整优化专业布局,初步形成与上海城市建设和经济发展相适应的三个专业群,并把建筑与工程材料、建筑装饰、机电设备安装与维修三个专业打造成市级重点专业,带动相关专业群的建设。2011年,学校与上海电子信息职业技术学院联合申报并通过机电一体化技术专业中高职贯通,成为上海市第二批中高职贯通培养试点学校,在教学管理中积累了大量的试点经验;学校先后与上海城市管理学院、上海经济管理干部学院、上海电子信息职业技术学院、上海师范大学、上海上影影视艺术职业学校等院校进行联合办学,取得了很好的效果,积累了丰富的联合办学经验。

学校设有材性测试、机电、计算机三大实训中心,依托"上海市建筑与工程材料开放实训中心"的建设,加强材料、装饰等骨干专业教学的实验实训基地建设。

根据学生自身特点建立的规范课改体系,开发了新的教学内容,充分发挥了学生的个人特长。在课程实施改革过程中有针对性地着力培养学生的创业能力和实践能力,提高了教学实效,最大程度地为学生的发展提供了可能性。

## 二、致力发展

作为校长,我致力于站在时代发展的前沿,用宽阔的眼界和思路以及宽广的胸襟去考虑问题。"校企合作"的理念是一种长效发展的理念,面对职业竞争日渐激烈的当今社会,有针对性地培养各类职业人才是学校始终不变的目标。学校通过校企合作平台,充分利用校内和企业的教学及实训资源,将企业与学校有机融合,依托行业和企业,根据专业特点开展形式多样的校企合作模式的实践,使校企合作从单一的安排学生顶岗实习和就业的功能向校企共建专业、课程、师资、共育学生、校园文化等全方位深化。电子商务专业与锦江之星有限公司开展"工学交替"培养模式;建筑装饰、室内设计、多媒体技术专业分别与梓相建筑工程管理有限公司、如意广告公司联合设立"建筑装饰""多媒体"两个校内工作室;在建筑与工程材料等专业中开设"玻钢院""建工材料""万安公司"和"庄信万丰"等冠名班;数控专业、机电设备安装与维修专业与松下半导体有限公司联合开设"定向班",松下公司设立了奖励基金。目前,我校与上海轻工环境保护压力容器监测总站共同建立建筑节能联合实训中心,逐渐把我校的材料检测延伸到建筑节能、环境监测等检测领域。近三年来,我校毕业生平均就业率达到 98.8%,专业对口率达到 84%。

同时,推进学校向国际化办学发展。我一直坚持,材料学院要谋求的是一种更加广阔的发展,我校的学生要培养出一种国际化的视野。学校通过积极搭建平台,助推澳大利亚培训项目在学校层面实现对接,依托专业和项目展开国际化合作。我校把与澳大利亚的合作项目放在学校国际化办学和中外交流的背景下进行思考,围绕"教师发展、学生成才"的国际化办学宗旨,坚持与已有的国际交流与合作项目优势互补、各有侧重。

目前,我校已有的中外合作项目:与美国南西雅图学院合作举办机电设备安装与维修专业,该项目为学历教育。合作重点包括课程引进[航空类基础专业课程及两门考证课程(FAA)]、共同开展人才培养(学生美国游学、认识实习等)、英语师资及专业师资培训。与韩国骊州大学等校开展文化互访、冬夏令营、中高衔接等。参加教委、兄弟学校、本校组织的德国、美国、英国、澳大利亚的管理干部、专业教师培训、考证等。得益于发展理念,学校在多年的办学实践中逐渐摆脱了甘于平庸的现象,并逐渐形成勇于追求卓越的良好局面,走上可持续发展的良性轨道。

## 三、追求和谐

"一枝独秀不是春,百花齐放春满园""大家好,才是真的好",事业的繁荣和发展离不开团队的紧密协作和配合,离不开师生的关爱和支持,"众人拾柴火焰高",是我的团队给了我智慧,给了我力量,才使我们这个团队和集体走上永不停步的发展之路。根据多年教师与校长工作的经验,我认为团结是最重要的成功之道:所谓"上面一条缝,下面一条沟";德才兼备是最重要的用人原则,"做事先做人:人品+专业+勤恳";亲和力是最重要的影响力,"服于行服于心、非服于威服于权";善于欣赏是最高明的领导艺术,"树立先进典型、激发教职工为学校发展积极工作的热情";助人成功是最大的成功,因此,我校注重"搭平台,推动更多的材料人走出去:积极参与国内外培训、市专业学科中心组交流学习、各种比赛、职称评审"。

自我担任校长起,我和我的团队共同秉承"科研兴校、科研强师"的理念,坚持"领导带头做科研、教师积极做科研、学校大力评科研"的工作思路,提倡"教研同行"的做法,提高了教师解决实际问题的能力,促进了教师的专业发展。从2008年至今,我校教职工共成功申报立项了国家级、省市级课题项目60余项,并参与多项校外课题研究项目;编写校本教材50多本;全国出版发行教材12本;校外获奖及公开发表论文近100篇,其中,国内外核心期刊20篇、校外获奖30多篇。"天行健,君子以自强不息"。2009年,学校领导班子被评为上海建材集团"四好"班子,学校被评为全国模范教工之家,我个人获得了上海市"五一"巾帼奖的荣誉,2011年荣获2006—2010年度上海市妇女权益保障先进个人,2012年7月获得上海职业教育杰出校院长称号。

## 四、不畏艰难

一路走来,材料工程学校经历了许多攻坚克难,并且未来还将面临更多困难与挑战。任何道路都不是一路平坦,在遇到难题时能够不畏艰难,勇于担当,不忘初心,对学校的整体发展尤为重要。在我的领导下,教职工一直在不断地尝试与挑战,从而把很多看似不可能的事情变成可能。当一个项目刚开始或者说正处于发展的一个机遇时期,初看的话大家都觉得不可能,那么我说,很多时候我们要有跳一跳去摘果子的一种不畏艰难的信心,因为有的时候你自己放弃了,一切就结束了。所以,我一直跟我们教职员工讲,不断地去努力,努力了以后你有可能会不成功,但是你没有遗憾,如果说你都不努力和尝试争取,那么肯定不会成功。

2005年,我开始担任校长时,受到了"高中热"的极大挑战,学校招生困难,还有政策层面、资金层面的问题以及整个社会对职业教育的疑虑,中等职业教育到了一个冰点,实际上,大家都很迷茫它在上海的发展和未来,因为那个时候感觉到可能学校要关门了,面临的生存压力太大。在这种情况下,我和我的团队不畏艰难,竭尽全力思考解决方法,谋划学校的未来。在2006年,学校整体进行三风建设,在规定的时间段内,相继实现了几个发展目标:学校被评为国家级重点中专,努力阻止了连续几年招生滑坡的现象,并提升和改造了学校的软、硬件设施。2010年后,随着上海产业结构和经济增长方式的转变,我校建筑与工程材料专业的发展出现了瓶颈,面对此困难,我们也采取了措施。在课改上,我们为学生搭建多种选择、多种发展机会的学习平台,依托建筑建材行业,以建筑与工程材料、机电设备安装与维修、建筑装饰三个重点建设专业为核心,以中高职贯通专业、延伸专业为支撑改造专业群,学校常设专业从17个调整为11个。2016年,制定整个学校的标准化管理制度,2017年,开展教学诊断与改进工作。"不经一番寒彻骨,怎得梅花扑鼻香",目前,学校是全国建材行指委专业指导委员会主任单位,建筑与工程材料专业在建筑建材行业有较高的知名度,第一批申报的上海市精品特色专业也获得了很好的评价。学校历经磨难,一路发展而来,能够成功渡过难关,争取到很多机会,顺利发展,与我们不畏艰难、不断努力、不言放弃的精神分不开,比如我们的中高贯通建立,我们的特色示范校、示范品牌,到现在的优质校申报,都与不畏艰难的精神紧密相连。

总之,这一路走来,从形成办学的理念、思想,再到理念走进实践,积极在学校推动改革,在不断实践——反思——再实践——再反思的循环往复、螺旋上升过程中,最终获得我作为校长的宝贵经验。我将这个过程看作是一种聚焦的过程:首先,根据社会发展的现状、学校实际情况以及我个人的特色和长处,形成一个模糊的理念、价值观;再次,根据我作为校长所一直坚持的办学理念的核心价值观,我一点一点地积极推进各项变革,大胆改革,稳步前进,每一步都走扎实、做扎实,在实践中形成结构化的办学思想;最后,在办学思想形成和实践过程中积极反思,总结可行的路径,为学校后续发展打下基础,也将一些可行的策略存留下来,适时推广。这个从理论到实践不断聚焦的过程如图5-3所示。

图 5-3 温润智慧办学思想理念-实践聚焦图

# 第六章
# 展望：温润智慧办学思想的改革方向

在温润智慧办学思想形成与发展的过程中，有太多的经验值得我们归纳与总结，也有太多的问题值得我们反思，但更重要的是，在未来，材料学校应怎样在这一办学思想的指导下持续发展，在面对当前发展问题与困惑之时，我们应怎样把握材料学校前进的方向，怎样使我校发展具有蓬勃不息的强大动力，这是我们需要着重思考的问题。

## 第一节 经验反思：改革成功的心得体会

职业教育具有鲜明的职业性，高技能人才的培养，决定着一个国家生产和服务的总体水平，决定着科学技术转化为现实生产力的核心能力，决定着国家和民族在国际上的综合竞争力。[①] 从 1979 年建校至今四十多年里，我们始终坚持内涵发展，自发用科学发展的理论指导我们的教育实践，打造学校的特色与核心竞争力，提升学校办学的质量与水平，并取得了一定成效。作为学校的领导者，我在不断反思和总结中形成以下几点心得体会：

### 一、温润智慧之基石——和谐共生的领导之道

著名教育家陶行知先生曾经说过："校长是一个学校的灵魂。"一个校长的办学境界有多高，学校就能走多远。自我 2005 年担任上海市材料工程学校校长以来，"一校之长"这样的一个领导职位对我的眼界、思维方式、大局观、处事为人等方面都有着莫大的考验，十几年干下来，我经过不断探索和自我提升，形成一种"和谐共生"的领导之道。"和谐共生"理念一是强调"和谐"，着力倡导"和谐发展

---

① 沈剑光.打造核心竞争力是提升职业教育内涵发展的关键[J].教育与职业，2008(06):5—7.

的人本精神",以和为贵,用心、和气地去对待团队中的每一个人,以人为本,重视每一个人的价值,尊重每一个人的需要;二是强调"共生",倡导"互助合作的团队精神",使组织中每一个成员的愿景与组织愿景保持一致,不断提升团队的凝聚力和向心力。

### (一)豁达、激情、勤奋、踏实的个人特质

领导特质理论强调领导者自身拥有一定数量的、独特的,并且能与其他人区别开来的品质,这些品质影响着领导者领导力的发挥。这么多年,学校办学取得的一些成效,我想与我的某些个人特质是分不开的。我想用八个字归纳我的领导特质:豁达、激情、勤奋、踏实。这八个字也是我个人在工作与生活中一直身体力行的。

豁达在于我心胸开阔、性格开朗。我自小不管遇到了什么困难,都十分乐观积极。在每个工作阶段,我必然都会遇上一些困难,但是有困难就解决。人的智慧是无穷的,只要肯动脑、敢于设想并付诸行动,就一定能破除万难。另外,豁达还体现在我能广纳群言和换位思考,从一名教师到团委干部、班主任,再到校领导,我始终坚持善待我身边的每一个人,朴素、真诚地对待他人,善于倾听别人的建议,遇到事情敢于担当,工作中及时总结得失。

激情在于我对中职教育满腔热情,我热爱这个职业。我一直认为,人生有两大幸福,一是能够做自己喜欢的职业,二是能够与自己喜欢的人共度一生。富有激情的校长绝不会允许自身的碌碌无为,而是会将自己的职务作为一项伟大和崇高的事业来做,因此,对于中职教育的激情促使着我在校长工作中具有强大的责任心和事业心,碰到困难和矛盾决不退缩,竭尽全力攻坚克难。

勤奋在于我的身先士卒和不断进取,要求别人做到的,我一定带头先做到,在实践中不断提升自己的领导能力。自从我承担了校长工作,我一直秉持着"科研引领、科研兴教"的教育理念,并带头进行科研,做好表率。近些年,我亲自主持了国家级、市级课题近十项,取得了一定的科研成果,同时坚持学习,不断提升自身的理论知识、道德修养、专业素养和管理能力。因此,我要求我们学校的教师积极开展教科研,并鼓励他们积极参与各类交流和培训项目,不断提升自我。

踏实在于我能脚踏实地地按照既定方针和办学目标持之以恒地走下去,坚持把工作做出成效的结果论。面对学校现实基础,我和我的团队在确立了"以市场

为导向、以创新为动力、以质量求生存、以特色求发展"的办学理念之后,就坚定地按照这一理念指导学校工作,最终在专业建设、教师管理等方面取得巨大成效。

上述四个方面的个人特质促使我在从事领导工作时,拥有一些深刻感悟,也可以总结成是我的一点小小处事经验和领导魅力。但是,除自身的一些领导特质外,领导还是一门有艺术的学问。

### (二) 德才兼备是最重要的用人原则

党的十九大以来,习近平总书记就落实新时代好干部标准作出了一系列重要论述,多次强调要"坚持德才兼备、以德为先"的用人标准。德才兼备,既是对领导素质的总要求,也是领导选人用人的根本原则。"德"是指人的政治觉悟和道德品质,是领导者选才用人的首要方面。在"德"的标准中,政治态度、政治觉悟是最核心、本质的方面,它影响和制约着道德品质。具体来说,"德"主要体现在一个人是否坚持正确的政治方向、是否具备正确的价值观以及是否具备较高的理论修养水平这三个方面。"才"是指领导者选才用人的另一个重要方面,它是指从事某方面工作所必需具备的专业知识和专业能力,即所谓"真才实学"。衡量一个人"才"的标准是具有从事现代化建设的实际才能。

由于社会分工不同,各行各业对于才的要求彼此各异,没有一个通用标准。对于教育行业来说,一个人的真才实学主要表现在两个方面:一是专业知识和技能基础要过硬,同时又要有较宽的知识面,具备良好的科学人文素养;二是要有较高的智力水平,能够运用已有的知识结构和体系去分析问题和解决问题。德才兼备并非德才等量,强调德才兼备,并非说两者可以等量齐观。与"才"相比,在选人用人时,"德"是第一位的。教师的思想品德是指教师的政治和道德修养,在政策文本中要求职业教育教师坚持正确的政治方向,遵守宪法和法律,全面贯彻党和国家的教育方针,敬业爱生,为人师表,"师德为先"也是遴选教师的首要标准。

### (三) 善于欣赏是最高明的领导艺术

一个高明的领导者,应当善于发现别人的优点,乐于欣赏别人的优点,最大限度地把大家的积极性调动出来,有效地加以组织和整合。领导者与追随者的关系,不应当是管理与被管理的对立,而是彼此信任的统一。善于欣赏他人,"亮点"将会发出更大的光亮,"特长"将会更加突出。反之如果只是看到别人的缺点并加以指责,则会打击他人的自信心,难以发挥成员的个人长处。同时,领导者不仅本人要善于欣赏,而且要在自己的团队中营造一种相互欣赏的氛围。当人们看到彼此的优点时,这个团队就是优点的集合体,当人们盯着彼此的缺点时,这个团队就是缺点的集合体。因此,我积极引导团队成员养成善于欣赏他人优点的习惯,让大家能够在彼此发现闪光点的同时互相学习,共同进步。

### (四) 助人成功是最大的成功

"助人成功"是我很重要的一个领导理念,我觉得这与我自身的从教经历是分不开的,当老师往往有种习惯,希望自己的学生能够学有所成。一个教师如果教出了很多优秀的学生,这将给教师带来巨大的成就感。孔子说:"己欲立而立人,己欲达而达人。"一个人自己的成功与他人的成功是密切相关的,帮助别人就是在帮助自己。作为一名领导者,帮助部下取得他们的成功,必然将推动这种相互间关系的积极发展,这是一种良性的循环。

正如我十分重视教师的培养与发展,常常为他们提供能够展示自己的平台,为他们争取锻炼的机会,并且激励他们、鼓励他们去参与更多的课题、项目、竞赛、活动等,这样不仅能够为他们自身带来一些成就感,而且他们的成长对于团队而言是一笔重要的财富。因此,帮助团队中的人取得成功,是提高团队工作能力的重要途径。

## 二、温润智慧之灵魂——刚柔并济的管理之道

管理是指在一定组织中的管理者,通过实施计划、组织、协调、控制等职能来领导他人,使别人同自己一起实现既定目标的活动过程。管理不仅是一门科学,更是一门智慧。要想把一个学校管理好,一定要刚柔并济,既要立规矩、抓规范,又要显灵活、讲智慧。

### (一) 立规矩,抓规范

孟子曾说:"不以规矩,不能成方圆。"良好的管理首先要以完善的制度体系作为支撑。同时,随着社会主义民主法治和政治文明建设的推进,教育改革的不断深化,国家也在全面推进依法治校,加快建设现代学校制度,提高学校治理法治化、科学化水平,维护学校、教师、学生各方权益,从而全面提高人才培养质量,加快教育现代化。在这样一个管理理念和政策背景之下,学校专门推进标准化管理

项目,主要按照如下工作要点深化内部管理体制改革,健全与人才培养模式、规格相适应的上海市材料工程学校运行管理体系:一是建立、完善学校运行管理体系,梳理、规范学校所有部门职责,保证学校运行体系的内容在各个部门中有效落实;在此基础上,重点梳理并建立与学校运行相关的工作流程和标准,梳理各类管理制度,保证管理标准与业务的融合;同时建立完整的人力资源管理技术标准,生成岗位工作手册;通过对学校标准化流程进行全面梳理,整合优化制度、组织岗位、业务表单,形成具有本校特色的学校运行标准化管理系统。

在完善各项管理制度进行标准化制度体系建设时,我始终遵循几个工作要则:一是要遵循职业教育的基本规律和原理。职业教育作为一种类型教育,突出职业教育的跨界、整合与重构属性[①],要始终把握职业教育在教学模式、课程教学等方面的类型差异,打破普通教育的思想禁锢,制定符合职业教育规律的管理制度和管理体系;二是坚持标准化与特色化的统一。以标准化为核心的学校管理,其实质就是科学化、规范化、经济化,中职学校的管理首先要对标国家发布的《中等职业学校管理规程》中关于学校内部管理体制、教职工管理、教学管理、德育管理、学生管理、招生管理及就业服务等方面的各项管理规定。标准化还是一个过程,是一个制定、执行和不断完善标准的过程,而且具备长久的效力。特色化实际上就是彰显学校办学特色,是一个学校独有的、不可轻易被人模仿的、强化学校核心竞争力的特性,职业教育类型属性要求职业教育必须办出特色;三是坚持目标管理与过程管理相结合。目标管理是一种现代科学管理模式,其基本思想是把学校的教育管理看作是目标的控制过程,紧密围绕着确定目标和实现目标来开展一系列的管理活动。实施目标管理的基本思路是学校的管理决策系统根据一定时期内教育事业的发展方向,确定学校的宗旨和发展总目标,然后将总目标向执行系统(系、教研室、各职能科室、教师)层层分解,逐级展开,通过上下协调制定各层次(系、教研室或处、科室)和所有教师、职工的具体分目标,使学校的总目标指导分目标,用具体的分目标去检查、指导各部门和所有个人的工作,把各分目标的达成情况作为组织考评各部门或个人管理绩效的依据。[②]

---

① 姜大源.跨界、整合和重构:职业教育作为类型教育的三大特征——学习《国家职业教育改革实施方案》的体会[J].中国职业技术教育,2019(07):9—12.

② 黄忠国,李中勤.坚持目标管理与过程管理相结合加强教学质量监控[J].重庆工业管理学院学报,1997(02):25—30.

### （二）重过程、促诊断

过程管理则是一种动态管理，强调管理中的纵向首尾衔接和横向动态平衡，通过计划决策、组织实施、诊断改进、总结提高四个环节的循环往复，不断提升各项工作质量。在学校教学管理方面，学校采取"常规自测＋诊断改进"的方式，首先，围绕学校办学定位和人才培养特色，学校研制了教学质量评价标准，对教学关键环节的数据进行实时采集，比照质量标准进行分析，以可视化的数据呈现方式，及时反馈和预警教学工作状态，为教学管理调控和教师评价考核等全方位、全员性和全过程的教学质量监控提供技术支撑和全面客观的决策依据，形成并完善了全过程、实时化监控的教学质量管理系统；其次，在市教委和中职诊改协作组成员学校的支持下，开发了基于全数据的教学诊改数据应用平台。在数据平台助力下实施教学诊改工作，优化了学校和专业发展的顶层设计，实现了监测预警的过程监控。

除此之外，学校还针对不同对象提出不同的要求，出台相应的管理制度。

对于学校领导班子，树立"团结务实、开拓进取、以身作则、廉洁自律"的目标，加强领导班子建设。首先，建立正常的协商、对话机制，坚持民主集中制，团结一心，进行科学决策；其次，用中国特色社会主义理论武装班子成员，督促领导班子成员加强干部学习，切实提高领导班子的执政能力；最后，贯彻落实党风廉政建设责任制，严格执行学校党政领导班子党风廉政责任制和反腐败工作责任分工，与部门负责人、党支部书记签订"廉洁自律承诺书"和"党风廉政建设责任书"。

对于学校中层管理干部，以打造"廉洁、公正、实干、创新的干部队伍"为目标，扎实推进干部队伍建设。首先，完善中层干部岗位聘任实施方案，通过民主推荐、自荐、考察等系列程序规范中层干部的选拔及任用；其次，强化学校干部思想建设，对新任干部进行任职前廉政谈话，按照党和国家的精神，定期组织中层以上干部开展专题教育培训班；再次，按照层次目标管理思路，严格开展"中层干部岗位工作目标责任"考核工作；最后，定期组织教代会代表民主评议中层干部，不断提高干部的责任意识、创新意识、组织协调能力和管理水平。

对于学校教师队伍，不断完善团队合作机制和组织模式，客观全面评价教职工的工作。首先，学校制定了一整套符合我校特点的《上海市材料工程学校教育质量与绩效工资评价方案》，每学年对教职工进行一次考核，让教职工、学生以及学校各级领导参与对教职工的德、能、勤、绩进行综合评定。每次考评结果出来以后,学校根据考评结果对教职工进行差异化管理,对 A 级教职工公开树典型,用他们出色的业绩激励其他教工;对 C 级教职工,分管领导对其进行谈话,与其交流思想,弄清问题的根源,并帮助寻找解决问题的方法,使这些教职工能认识到存在的不足,明确努力的方向。另外,学校还规范职称评审流程,重视和鼓励高级讲师的评审;其次,通过修订完善教学名师管理制度,要求教学名师注重教育理论的学习,并要积极开展课题研究,还需积极分享读书体会,参加教研活动;再次,完善教研室管理制度,由教研室主任负责带领教研室成员开展教研及科研活动,除积极申报各项课题之外,将教学中的问题立项为课题,以教研室为小组进行研究和探讨,鼓励教师走出校门和学习,寻求问题的答案;最后,完善班主任工作管理制度,定期选拔骨干班主任,同时成立班主任工作室,搭建班主任交流与学习的平台,提升班主任队伍整体素质。

对于学校学生管理,我始终认为把学生培养好的基础是教育好。学校从根本上说是一种服务性组织,它的服务对象是学生,因此,学校必须处处重视学生的利益。① 中职阶段,是学生三观养成的关键时期。在开展技能培育的同时,学校坚持从学校和学生的实际出发,围绕《关于进一步加强和改进未成年人思想道德建设的若干意见》,以行为规范养成教育为基本内容,以《行为规范示范校建设三年发展规划》系列行为规范制度为抓手,以培养学生自主管理为主阵地,以开展系列班会为载体,采取切实有效的措施,全面推进行为规范教育。同时,学校联合学生处、班主任、校团委和学生会的力量,利用多种手段和方式渗透到学生生活和学习的方方面面,对行为规范的养成教育提出具体的工作部署和工作要求,并及时评比、推优,发挥良好的行为榜样作用。

### (三) 人性化、民主化

我始终认为:"管理要有一定的弹性,刚柔并济,张弛有度很重要。"在学校发展所需要的各项规章制度建立健全的基础之上,我们要通过人性化的情感管理艺术,不断促进教职工个人需要与组织意志协调一致,促使教职工与学校共同发展。人性化的情感管理艺术就是要学会换位思考,无论发生什么事,管理者都能站在教职工的角度考虑,让他们能够感受到领导的关心和重视,从而激发他们对学校、

---

① 周元宽,葛金国.学校管理教育性的回归:制度设计与路径选择[J].中国教育学刊,2014(05):53—56+65.

学校管理层、学生以及所从事的教育工作的热爱。

第一，要注重对教职工的人文关怀，构建和谐的干群关系。我们领导心中要时刻装着教师，要尊重和善待学校中的每一个人。学校在这方面充分发挥工会职能，一方面，从细节出发，为他们创建和谐、宽松的学习和工作环境，创造良好的物质生活条件，重视学校食堂的安全与卫生，不断更新菜式。对有困难的教职工进行补助，为职工购买补充医疗保险；另一方面，开展多样的文体活动，丰富教师们的课余生活。目前，共开设了书法、太极拳、瑜伽等9个各式各样的教职工社团，社团定期开展活动。同时，学校工会还组织开展"迎校庆·庆三八"女教工春秋游、教职工趣味运动会、喜迎校庆教职工合唱、迎新健步走等活动，丰富教师课余生活，还调动教职工们积极参加上级工会书画比赛、语言文化展示比赛、青年教师朗读活动及文艺汇演等活动，参加者也不负众望，斩获多项荣誉。

第二，创新改革制度，建设科学民主的管理体系。首先，完善以教师代表大会为代表的民主管理制度，保证教职工对学校重大事项有知情权、审议权和决定权，进一步推进校务公开制度，完善学校的议事程序和决策程序；其次，建立民主评议制度，每学期以无记名投票方式对学校干部进行测评，对照其工作职责、公正客观地予以评价，实事求是地反映干部工作的实际情况，真正地反映教职工群众的意见呼声；开展人性化的教学评价，人性化教学评价除了将教师的工作表现作为评价标准之外，还应充分尊重教师的个体差异和自主创新，不宜以统一的标准、统一的规定来要求所有教师，充分尊重教师的个体发展。

### （四）齐人心，强团队

俗话说"一人拾柴火不旺，众人拾柴火焰高"，一位成功的领导者主要不是靠自己干事情，而是团结一切可以团结的力量，推动组织成员合作干事情。因此，善于团结、乐于合作、易于交往，是领导者的基本功。一个不愿交往、不能团结、不会合作的人，基本上不适合成为一个领导。团结就是力量，团结出凝聚力、出生产力、出战斗力。在学校里，只有在团结的氛围中，所有领导班子和教职工们才能充分发挥自身的积极性、主动性和创造性，才能劲儿往一处使。

团结的基础是共识，共识的前提是沟通，沟通的关键是相互理解。你不是我，我也不是你，彼此有不同看法是很正常的，重要的是通过沟通达成共识，通过协商找到平衡点。正确的沟通必须平等相见、相互倾听、学会尊重、换位思考，在沟通中需要有必要的让步、妥协、变通。在人与人的沟通中,常常需要迂回,需要耐心和等待。在沟通中,不仅需要摆事实、讲道理,更要有真情。情感决定着思考的方向,而理性决定着思考的结果。只有当对方感到你是出于诚心、真正与人为善时,沟通才能达到预期的效果。

加强团队建设,持续提升教职工们的凝聚力和教育教学能力。一个高水平的教学团队需具备共同的远景目标和业绩目标,团队成员之间的知识、技能与个性是互补的,团队成员工作职责范围划分明确、分工合理,团队成员间的沟通完全畅通,拥有出色的学术带头人作为教学团队的领军人物这五个方面的特征。① 作为校长,要时刻关注教师们的成长,努力培育和谐奋进的师资团队。为此,学校首先加强教学团队专业实践能力建设,加快教学改革步伐。定期邀请校外专家企业工程师到学校开展讲座,对教师进行教科研方面的培训;组织市级、校本专业教师下企业顶岗锻炼,真正参与到企业生产管理和项目论证、技术改造、产品营销和职工培训中去,提高教师实践能力;积极引进企业内的高级工、技师和高级技师担任学校的技能实训老师,还聘请企业专家和有经验的工程技术人员作为兼职教师充实各个专业教学团队。其次,学校重视培养和选拔团队带头人,造就一批站在专业前沿,掌握行业、企业最新技术动态的领军人物,切实加强教学团队的教育和科研能力建设。带头人带领团队定期开展读书会、经验交流、专题研讨、公开课等活动,组织教师开展各级各类课题研究,开展论文评优工作,定期组织教师专项校本研修,更新教学理念,促进课堂教法改革。最后,鼓励班主任专业教师个性化发展,例如,积极支持、协助朱慧群班主任带头人工作室开展工作,工作室学员在多个项目和比赛中建功获奖。

管理不仅是一种科学,更是一种智慧。权力和制度是强制性的物本管理手段,只强调理性规范,冰冷无情,无视个人特点。真正能够使人信服的是柔性管理和智慧管理,校长要想带领整个学校的教职工完成教育使命,仅仅依靠权力和制度是不够的,要始终以人为本、换位思考。不论是对于教师还是学生,要承认个体之间的差异,要尊重个体的个性化发展,因势利导。其次,要会权衡多方,灵活处理,以和为贵,润人心灵。在干部和群众之间,教师和学生之间、学校与家长之间,都要一碗水端平,尊重和善待每一个人,尽可能去协调其中的复杂关系甚至对立

---

① 仲耀黎.高水平教学团队建设与管理研究[J].国家教育行政学院学报,2010(02):35—38.

关系,使之达到和谐统一,教育才能发挥最大效益和最佳发展。

## 三、温润智慧之动力——温暖协心的鼓舞之道

### (一) 一颗职业教育的热忱之心

教育是关注和启迪生命的事业,是教师与学生心灵的对话。时至今日,我有幸在职教战线上耕耘了30多年,对职业教育有着深深的热爱之情,这是促使我一直学习、努力工作的不竭动力。作为材料学校的一校之长,我时刻要求自己,只要我还在这个学校一天,我想这个学校就不能停止发展。我对职业教育的热忱主要表现在三个方面:第一,我始终把育人作为我的使命。对于职业教育来说,我希望以"劳动育人",培养的学生也是"敬业乐群"的。黄炎培老先生的职教理想就是"使无业者有业,使有业者乐业"。这也是我觉得职业教育的最大魅力所在,通过对学生们的教育和教导,让职业与工作不仅仅成为一种谋生的手段,而且还是人们乐意和享受并且愿意投入时间精力的事物;第二,我乐于迎接工作中的挑战。由于教师职业的特殊性,在工作过程中难免会承受压力、遭受挫折。尤其是在我们国家,职业教育的社会地位还不够高,常常面临着来自家长和社会各界的质疑。我总是能够乐观地看待这些事情,并且坚定地朝着自己的信念认真做事;第三,我对于职业教育抱有强大的信心。对于职业教育,我一直保持着很强的信心,而且用我积极的态度去感染和鼓励身边的每一个人、每一位教职工。在课堂上,我也是这样感染我的学生的,激发他们的学习兴趣,为他们学习提供巨大动力。职教之魂,存于匠心,学生只有对自己所在专业保持浓厚的兴趣和强大的信心,才能沉下心来去打磨自己的技能,塑造工匠精神。

### (二) 一股平和近人的个人魅力

变革性领导是领导者运用个人魅力影响,与成员建立起信赖、和谐以及亲密的关系,激发成员对组织忠诚及参与学校活动的意愿,达成共同愿景。[①] 一个领导者,要想尽快使组织成员之间达成学校共同愿景并愿意为之奋斗,首要的就是发挥好亲和力。"善用人者,为之下",这种亲和力是一种人格魅力,它可以产生巨大的凝聚力,转化为强大的影响力和行动力。领导作风中最可贵、最难得的就是平

---

① 张赐光.国中校长转型领导与学校效能关系研究[D].台北:台湾师范大学,2003:10.

易近人。只有平易近人,才谈得上群众观点、群众路线,才能做到"从群众中来,到群众中去"。

亲和力来源于爱,只有校长心里时刻关心、关爱着教师,教师心里才能时刻装着学生。一个有爱的校长必然爱这个学校的教师、学生,爱这个学校的一切,并使学校里的成员具有强烈的归属感,乐于在集体中贡献自我。"归属需要"属于马斯洛需要层次理论中的第三层需要,指人要求与他人建立情感联系,以及隶属于某一群体并在群体中享受地位的需要。这一层次的需要包括两个方面:一是伙伴之间、同事之间的关系融洽或保持友谊和忠诚;二是有一种归属于一个群体的感情,希望成为群体中的一员,并相互关心和照顾。因此,领导者在带领他人之前,应当多一些亲切平和,赢得他人的信任与尊重,使他人有强烈的归属感。

### (三) 一种拼搏共进的团队精神

团队精神是大局意识、协作精神和服务精神的集中体现,核心是协同合作,反映的是个体利益和集体利益的统一,并进而保证组织的高效率运转。十几年来,我作为校长和学校领导班子的其他成员,通过带领教职工们完成一个又一个项目、解决一个又一个难题,逐渐在我们材料学校树立了一种"敢于拼搏、团队一心"的团队精神。拼搏奋斗的精神并不是要求团队成员牺牲自我,相反,我们正是需要他们挥洒个性,充分发挥自己的长处。但是,拼搏要求学校中的每一位工作人员都有着良好的从业心态、高尚的情操和奉献精神以及不达目的决不罢休的决心。每一个人无论在哪个位置,担当什么职责,都要充分发挥自己的职能,这样才能充分激发团体协作的潜能,才能解决难题。因此,在这种团队精神的引领和激励下,我们学校的领导班子和教职员工才能上下齐心,再困难的事情也能迎刃而解。

但是,团队有大有小,一所学校可以称为团队,各个年级的教师群体也是一个团队,教研组也是一个团队。① 不同团队的短期目标之间可能会发生冲突,为了解决这个问题,我主要采取了这两点策略:第一,完善负责人选拔制,无论是对大团队,还是小团队,我们都会谨慎地选拔出团队负责人,这个负责人不仅要具有为基层团队服务的意识,还要求负责人扮演团队骨干队员的角色,还有最重要的一点,

---

① 吕巧芳.教师团队精神培育策略研究[J].教育发展研究,2007(12):76—78.

就是他能够得到领导班子的信任,并且能够促使自己所在团队内部成员的目标愿景保持统一,同时带领小团队的整体愿景也能与学校愿景保持统一;第二,让显性文化成为团队精神的推动力。抓住各种机会促进团队精神的形成,例如,通过教职工运动会、优秀教职工评选等活动,引导教师认同"拼搏、团结"的主流文化,强化教师拼搏奋斗的信念,从而使之成为促进教职工成长的强大力量。

### (四) 一股赋能师生成就学校的信念

赋能就是给谁赋予某种能力和能量,旨在通过言行、态度、环境的改变给予他人正能量,以最大限度发挥个人才智和潜能。我主要从三个方面为学校的师生赋能:第一,思想赋能。人的全部尊严就在于思想,人生最终的价值不只在于生存,而在于觉醒和思考的能力。思想的深度决定未来的高度。作为一名中职教师,我们的使命其实更为强大,因为我们是将学生最早带入工作世界的引路人。我们对于职业教育的态度直接决定了学生们对于职业教育的态度,若我们自己都无法做到学科自信和工作自信,那又能期望我们的学生有多优秀?但是,我们对职业教育树立信心,不代表我们就要盲目自信,我们还有很多需要向其他教育学科、其他优秀学校进行经验借鉴的,所以,我常常鼓励我们的老师不能故步自封,要多学习、多思考、多从实践中反思,看到问题的本质并能寻得问题解决之策。第二,行为赋能。思想是行为的先导,唯有行动才能使思想落地。这就要求教职工拥有对工作的激情与活力。赋能不仅仅是组织、上级的事情,更是自己的事情,要善于自我赋能。其次,我作为校长要常常给予他们激励,不断给他们创造锻炼的机会和施展才华的平台,激发他们向前进取的斗志。第三,情感赋能。古人云:"感人心者,莫先乎情。"情感是人最基本,也是最重要的生命特质。这一点在我的领导之道中也有所体现,通过情感赋能,营造校园温馨开放的工作氛围,让校园充满爱,才能让教职工们安心前行、快乐前行。虽然我和我的同事之间在工作上存在管理和被管理、上下级的关系,但是能够长久维系彼此之间相互理解、相互支持、共同进步的情感纽带的是人与人之间的情谊;同理,我跟学生们在课堂上是老师和学生的关系,但也不仅仅于此。情感赋能就是超越简单的管理关系并建立起一种更加深刻的纽带,形成一个荣辱与共的生命、学习共同体,调动大家的积极性,一起向着更优的方向发展。

## 第二节 问题反思:办学实践的教训与困惑

尽管当前在大家的共同努力下,材料学校已然取得了诸多进步与成就,但在办学实践过程中,还是有一些问题亟需厘清,并予以解决。在产业升级背景下,学校特色专业如何继承优势和创新提升?在中职生大量升学的背景下,学生的文化素养如何培养?在全力申报优质校的背景下,学校未来的发展该如何定位?只有将这些主要问题想清楚、想明白,我们才能够在正确办学理念和思想的引导下,创造新的辉煌。

### 一、产业升级的背景下,学校特色专业如何继承优势和创新提升

专业设置是中等职业教育内涵建设的基础和核心,是保证职业技能人才培养"适销对路"的关键环节,更是职业教育为区域经济发展服务的具体体现,教育与经济的"服务""依靠"关系最集中、最突出的表现在专业设置上。[①] 纵观学校专业发展历史,上海市材料工程学校一直坚持追随上海市和区域经济社会发展步伐,对接上海四大品牌建设,追踪并顺应人力资源市场形势变化,不断调整优化专业布局和结构,基本形成了与区域产业紧密对接的专业布局。目前,学校以示范性品牌专业和品牌专业为龙头,中本和中高职贯通项目为引领,骨干专业为支撑,开放实训中心为保障,打造材料、装饰、文创、机电四大类,共八个三年制中职专业,与上海应用技术大学、上海建桥学院联合实施材料科学与工程、环境设计两个专业中本贯通培养模式,与美国南西雅图学院合作开设机电设备安装与维修专业(航空维修方向),并拥有机电一体化技术、环境工程技术、室内艺术设计、建筑装饰工程技术、数字媒体艺术设计、市场营销(化妆品营销)六个中高贯通专业。

在专业建设过程中,学校一直坚持"以产业市场需求为突破口、以校企合作平台为载体、以内涵建设为核心、以高标准体系建设为引领"的宗旨,将重点专业、精品特色专业、示范性品牌专业等专业建设项目作为抓手,不断强化专业内涵、突显专业特色,取得显著成效,学校建筑与工程材料专业被确定为上海市示范性品牌

---

① 张金英,冉云芳.增强专业与产业耦合度提升中等职教贡献率——基于杭州市中职学校专业布局调整现状与成效的思考[J].职教论坛,2012(13):75—79.

专业,建筑装饰专业、机电设备安装与维修专业被确定为上海市品牌专业。以建筑与工程材料专业为例,在示范性品牌专业建设过程中,学校围绕上海区域经济社会和建筑、建材行业发展对技术技能型人才培养要求,聚焦专业内涵发展和服务质量提升,通过三年时间,完成校企合作、人才培养模式、信息化技术融入专业教学资源、师资队伍建设、辐射服务等建设任务,极大丰富了课程、教材等专业教学资源,逐步深厚专业内涵,进一步扩大专业影响力,从一个普通专业逐步成长为全国一流的标杆专业。

但是,随着国家经济发展模式的转变以及某些行业的转型升级,学校的某些特色专业、品牌专业发展受到挑战。比如,对于建筑与工程材料专业而言,随着国家对节能及绿色环保的要求,具有高效率、高品质、低能耗、低污染等显著优点的装配式建筑应运而生,并且被提上国家战略的高度来推进。2016年国务院常务会议中提出"决定大力发展装配式建筑,推动产业结构调整升级"。《"十三五"装配式建筑行动方案》已全面实施。相较于传统建筑,装配式建筑的材料及工艺也将发生变化,这对建筑与工程材料专业的转型、升级提出挑战。与此同时,随着科技的发展,各学科的交叉产生了新的技术和工艺,这些前沿技术、工艺越来越多地应用于建筑材料的研制开发,使得建筑材料的发展日新月异,不仅囊括材料原有的性能,而且实现了建筑材料在强度、节能、隔音、防水、美观等多方面功能的综合。建筑与工程材料专业目前在水泥、砂浆、混凝土、钢、木等传统材料上对接产业发展,随着行业转型升级,专业主动适应行业发展变化将势在必行。那么,这些专业在适应产业转型进行自我升级的过程中,该注入怎样的新鲜元素,使得专业发展既能继承原本的传统和优势,保持自身特色和吸引力,又能迎合上海乃至国家行业产业转型升级的需要?除建筑与工程材料专业之外,学校里面临类似困境的品牌专业还有建筑装饰专业、机电设备安装与维修专业等,这些专业所面向的行业正在进行如火如荼的产业变革,新技术、新业态层出不穷,中职学校需要根据新的经济形势及时调整专业定位和方向,找准新的专业发展着力点。

当前,上海正按照国家协调推进"四个全面"战略布局的要求,加快建设"四个中心"和具有全球影响力的科技创新中心。同时,以现代服务业为主的区域经济结构转型、产业升级以及经济发展要求职业教育布局结构进一步优化。因此,从中职学校整体的专业布局来看,学校未来的专业应如何"破",消减淘汰就业前景差、市场需求萎缩、与行业发展趋势不符、招生无吸引力的专业;如何"立",将有发展前景的专业做强、做优、做特。如何科学布局？专业之间如何"有机地进行交叉和融合"？专业竞争力和吸引力如何增强？这些问题需要我们深入地思考和决策，也是学校长期面临的重大挑战。

## 二、中职生大量升学的背景下，学生的文化素养如何培养

中等职业学校的人才培养，之前一直围绕"以就业为导向"的目标，校企合作、专业教学资源建设、课堂均是围绕行业产业产生的岗位链需求而实施，培养的学生直接对接岗位。近年来，随着上海市中职生源的不断萎缩以及大部分中职毕业生以升学为主，未来中职学校的人才培养需尽快调整以适应这种客观变化。一方面，我们要思考清楚，中职毕业生的大量升学给学校人才培养目标带来了怎样的变化？中职生的大量升学而不选择直接就业使得中职教育不仅仅承担就业准备的功能，未来将更多地承担着帮助学生适应职业变化、继续学习或接受高等教育的基础教育功能[1]。国家的政策导向也确实印证了这一结论，例如，《国务院关于加快发展现代职业教育的决定》（国发〔2014〕19号）提出"巩固提高中等职业教育发展水平，在保障学生技术技能培养质量的基础上，加强学生的文化基础教育，实现'就业有能力、升学有基础'"。《国家职业教育改革实施方案》（国发〔2019〕4号）进一步提出"提高中等职业教育的发展水平，优化教育结构，把发展中等职业教育作为普及高中阶段教育和建设中国特色职业教育体系的重要基础"。随着职业教育类型地位的确立，中等职业教育的办学定位也将转变，即由过去完全的就业导向教育转向职业基础教育，为学生在高等教育阶段继续学习奠定基础[2]，同时服务学生的生涯发展，让学生不仅只是掌握一门技术或技能，而是具备独立思考和应对工作变化的综合能力。另一方面，我们还要思考，从学生生涯和终身发展的视角来看，如何能够实现中职学生更好地升学？如何通过提升学生的文化基础使得学生具备可持续发展的能力？

目前，中职毕业生主要是通过对口升学、单考单招、"五年一贯制"、中高、中本贯通等途径去高职院校或本科院校进行深造。因此，作为职业教育类型化改革中

---

[1] 宋晓欣,闫志利,杨帆. 中职教育人才培养目标的历史演变与现实定位[J]. 教育与职业,2015(33):10—13.
[2] 徐国庆. 作为现代职业教育体系关键制度的职业教育高考[J]. 教育研究,2020,41(04):95—106.

占据基础地位的中等职业教育,中职学校应侧重于加强学生的文化基础教育,提升学生的文化基础和人文科学素养,从而帮助学生能够更好地适应在高职院校和本科院校更高层次的学习。中职学生文化素养的提升受到多个因素影响,从最主要的课程设置方面来说,目前中职用来培养学生文化素养的课程主要为公共基础课程,包括思想政治、语文、历史、数学、外语、信息技术、体育与健康、艺术、物理、化学等必修课程以及中华优秀传统文化、劳动教育、职业素养等相关选修课程。但是,在"升学导向"热潮的影响下,上海很多中职学校一味重视公共基础课,期望他们能够取得更好的文化课成绩,却将专业课放在教学过程中的次要地位,因为公共基础课对于志向升学的中职学生来说明显价值更大。实际上,中职学生大部分是中考的失利者,对公共基础课程,尤其是文化课程的学习存有抵触心理,认为自己学不好或者不愿意学,导致中职学生升学之后,与普通高中学校学生相比,不仅文化基础难以超越,专业技能方面的优势更是难以凸显。所以,要想提升学生的文化素养,仅仅依靠提升公共基础课的比例是远远不够的,应促进公共基础课和专业课的有机融通,加强学生的知识教育,提升学生的综合职业素养,使之成为完整的"技术人"。[①] 那么,对于中职学校来说,公共基础课和专业课的课时比例该如何科学分配?除课程设置外,教学管理以及学习评价等培养环节方面也直接影响着中职学生文化素养的培育。因此,对于学生文化素养的培育应如何渗透到整个中职育人过程中去,这个问题也亟待解决。

## 三、全力建设上海市中职优质培育学校的背景下,学校未来的发展该如何定位

在确立学校未来发展方向时,由于土地限制,我们难以申报上海市"五年一贯制"高职的建设项目,所以,学校按上海市教委《关于开展上海市优质中职学校培育工作的通知》文件中"根据《国家职业教育改革实施方案总体部署》,为更好地服务上海建设'五个中心',打造'四大品牌'的目标,服务本市高端制造业和现代服务业的人才需求,建设一批服务上海所需、产教深度融合、国内示范领先、国际具有影响的优质中职学校"精神,经过学校自主申报、汇报答辩、教委组织专家评审等一系列环节,学校已经成为上海市优质培育学校,有三年的建设周期。虽然有

---

[①] 余韵,徐国庆.基础导向:中等职业教育课程改革思路[J].职教论坛,2020,36(09):56—62.

"优质校"这样一个项目的驱动,但是此时办学定位的明晰不仅对于建设优质校有着巨大作用,还对明确未来学校发展目标和发展方向有着决定性的影响。所以,这是一个难题,我们也在尽力尝试破题。

办学定位是一个具有统领和引导作用的话题,不仅从宏观上概括学校的办学指导思想、办学理念、治校理念等,而且还具体对学校的办学规模、办学层次与形式、办学类型与类别等作出方向性选择,是一所学校的方向标,必然统领学校工作的全局,引导学校的改革与发展方向。学校的办学定位包括总体目标定位、基本职能定位、学校类型定位、学校类别定位、办学层次定位、办学形式定位、服务面向定位、发展规模定位八个方面。① 由于材料学校是一所中职学校,它的办学规模、办学层次、办学类型和办学类别基本确定,那么,我们就需要根据新时代内外环境形势的变化、上海市经济社会发展的需求以及职业教育的基本原理和规律,重新梳理和革新办学指导思想、办学理念、治校理念、职能和服务面向等方面。

在办学指导思想方面,我校一直坚持按照国家协调推进"四个全面"战略布局要求,深入贯彻全国及上海市职教工作会议精神,进一步落实国家及上海市《中长期教育改革和发展规划纲要(2010—2020 年)》,落实《上海现代职业教育体系建设规划(2015—2030 年)》,以学生发展为本,立德树人,坚持以"调整结构、优化资源、发展内涵、提升质量"为工作主线,努力提升管理水平,加强专业建设,深化教育教学改革,提高师资队伍素质,加大信息化建设力度,拓展职业培训,为适应新常态下经济社会发展要求,培养合格的技术技能人才。

办学理念是"为了实现办学目标,依照教育规律而确立的办学思想和教育观念"。作为校长办学的灵魂,它是指引学校科学发展、和谐发展的核心价值观,是校长基于"办什么样的学校"和"怎样办好学校"的深层次思考的结晶。办学理念是关于学校整体发展的价值追求和理性认识,它决定着学校群体的教育行为。办学理念的提出依据四个方面:一是依据党的教育方针。中国特色社会主义新时期是我国发展的新的历史方位。关于新时代党的教育方针,习近平总书记强调:"要坚持马克思主义指导地位,贯彻新时代中国特色社会主义思想,坚持社会主义办

---

① 朱振林. 高等学校办学定位探析[EB/OL]. [2005-04-12]. http://news.sina.com.cn/c/2005-04-12/10175627093s.shtml.

学方向,落实立德树人的根本任务,坚持教育为人民服务、为中国共产党治国理政服务、为巩固和发展中国特色社会主义制度服务、为改革开放和社会主义现代化建设服务,扎根中国大地办教育,同生产劳动和社会实践相结合,加快推进教育现代化、建设教育强国、办好人民满意的教育,努力培养担当民族复兴大任的时代新人,培养德智体美劳全面发展的社会主义建设者和接班人。"二是依据国家教育政策及规划纲要提出的战略目标。2020年作为《国家中长期教育改革与发展规划纲要(2010—2020年)》的收官之年,意味着总结之后,下一个阶段教育改革战略目标即将出现,作为一线学校,我们是国家教育改革的冲锋阵地,要始终坚持以落实国家教育重大战略目标为己任;三是依据时代和形势的发展要求。"十四五"时期,我国将进入新发展阶段,这一时期是我国全面建成小康社会、实现第一个百年奋斗目标之后,乘势而上开启全面建设社会主义现代化国家新征程、向第二个百年奋斗目标进军的第一个五年。[①] 新形势下,教育在加快推进教育现代化的新征程中培养担当民族复兴大任的时代新人,这是有关"培养什么人"的问题。要大力发展职业教育和培训,有效提升劳动者技能和收入水平,通过实现更加充分、更高质量的就业扩大中等收入群体,释放内需潜力,这是习近平总书记对职业教育提出的新指示,一定程度上解释了职业教育"如何培养人"以及"如何服务"的问题。这预示着新时代职业教育不仅仅要服务现代化经济体系建设,更要重视服务劳动者获得高收入,实现更高质量的就业问题;四是依据社会对人才竞争提出的挑战,技术进步和产业升级对人才规格提出的新需求,一直是职业教育重点持续关注的问题,也是职业教育遵循自身规律的重要体现,同时职业教育的区域性要求我们一定要对接区域产业发展,考虑区域的经济发展需求,立足区域,服务上海,辐射长三角。因此,基于以上四点分析,我们学校的办学理念还有待进一步革新和提炼。同时,在新的办学理念引导下,要根据学校自身特色,加快明晰学校的办学目标和服务面向,这也是我们将要加快落实的工作挑战。

---

① 新华网.习近平:在教育文化卫生体育领域专家代表座谈会上的讲话[EB/OL].[2020-09-22].http://www.xinhuanet.com/politics/leaders/2020-09/22/c_1126527570.htm

## 第三节 未来展望:温润智慧办学思想的改进与推广

展望未来,我们应该继续改进与推广温润智慧的办学思想,抓住机遇,与时俱进地调整办学思路,在中职学校改革发展的关键期,学校要进一步深化内涵建设。面向现有问题,不断优化改革实施方案,制定"围绕市场、依托行业、传承优势、适应变革"的方针,坚持以"慧竹"文化为引领,不忘初心坚持改革发展。

### 一、抓住机遇,与时俱进调整办学思路

随着职业教育类型地位的确立,职业教育迎来了难得的机遇期。《国家职业教育改革实施方案》中提出"把发展中等职业教育作为普及高中阶段教育和建设中国特色职业教育体系的重要基础""指导各地优化中等职业学校布局结构,科学配置并做大做强职业教育资源""落实东西协作的行动计划,办好内地少数民族中职班""完善招生机制、建立中等职业学校和普通高中统一招生平台,精准服务区域发展需求""鼓励中等职业学校联合中小学开展劳动教育和职业启蒙"等一系列针对中职学校的改革方案。在"职教二十条"的引领之下,上海市政府发布的《上海职业教育高质量发展行动计划》针对上海中职学校提出"调整中等学校职业教育功能定位,通过提升、贯通、转型、整合等途径,完善中职学校布局和发展走向""完善符合职业教育发展要求的评价体系,评价内容聚焦学生职业道德、技术技能水平、就业质量以及产教融合、校企合作水平"等方面。因此,在国家以及上海市政策引导之下,未来材料学校的改革与发展也要与时俱进调整办学思路。目前,我准备将以下几个方面作为未来学校改革的重点:

第一,根据国家和上海对于中职教育的新指示,加强中职学校的服务面向。首先,服务区域经济发展。中职学校人才培养必须要增强针对性与实用性,为地方生产、建设、管理、服务第一线培养"下得去、留得住、用得上"的技术应用型人才;其次,服务学生个人生涯发展。上海市的中职要切实摸清学生升学与就业的双重需求,加强学生核心素养的培育,提升学生应对工作变化的能力;再次,充分发挥自身的资源优势,服务落后地区的职业教育发展。通过东西部合作招生培养、跨区域的教师交流培训、设立奖学金和帮困基金等多种方式开展东西部中等职业教育深度合作。

第二,根据新时代对教师师德师风建设的新要求,不断加强教师职业素养和职业道德。为落实《中共中央 国务院 关于全面深化新时代教师队伍建设改革的意见》,教育部研究制定颁布了《新时代中小学教师职业行为十项准则》,包括"坚定政治方向、自觉爱国守法、传播优秀文化、潜心教书育人、关心爱护学生、加强安全防范、坚持言行雅正、秉持公平诚信、坚守廉洁自律、规范从教行为"十个方面。学校要根据这些准则,加快落实师德师风建设的长效机制,把好教师入口关,完善师德考核指标体系。

第三,发挥我校作为职业学校优势,积极联合中小学开展劳动教育和职业启蒙。职业学校具有开展劳动教育和职业启蒙得天独厚的条件,开展劳动教育的教育教学场所、专业、师资、课程、企业资源等一应俱全,能为中小学生职业认知意识、职业选择和职业养成提供一个可观、可体验的真实场景,对中小学生的职业启蒙教育具有重要的启发和引导作用。未来学校将致力于推进良好的普职合作,开展职业启蒙的机制构建,开发区域职业启蒙教育活动课程,为区域普通中小学开展职业启蒙教育活动,从而提升基础教育阶段学生的职业认识,帮助他们树立正确的职业理想。同时也通过职业启蒙教育活动的开展,为我校教师提供锻炼与合作的平台,为我校学生提供充分锻炼和展示自己才能的机会,提升学生的专业认同感和自信心。

## 二、内涵发展,面向问题优化实施方案

在中职学校改革发展的关键期,我校要进一步深化内涵建设。内涵建设不可一味地追求数量的扩大或规模的扩张,要切实以提升质量为核心,抓关键问题,促特色发展,从而引领学校均衡、协调和可持续发展。

第一,坚持知行合一,打造多元平台,着重培养学生的综合素养。始终以学生为主体,在学生管理、文化建设、活动开展等方面充分调动学生的主动性和积极性,充分展示学生的自主性和创造性,充分培养学生自我管理、自我教育、自我服务的能力。积极探索有特色的中职学生自主管理模式,充分发挥班级团支部、学生会、学生社团组织的功能,让学生做校园的主人。只有学生具有了自主管理的意识与能力,才能将蕴藏着的多种能力、智慧自觉地去挖掘、去利用、去发展。

第二,实施全面质量管理,提高教学质量实践探索。要重视教学质量,重视学校内部效益,通过全员参与,把教学工作以及构成影响教学工作的资源和活动都

作为过程来管理,以便提高学校管理效能,提升教师教学能力。首先,调整优化人才培养目标体系,明确人才培养的总体目标和规格定位,使其无论在培养人才的质量和数量上都更贴近经济发展的需求。其次,更新教师教育观念,提升其思想认识水平,增强教职工"教学质量生命线"意识。再次,实施目标管理。先根据布卢姆的教育目标分类法,将人才培养目标按照认知、技能、情感三个维度细化到教师的教学目标中去,教师按照教学目标组织教学任务。然后,在专业建设中优化专业布局,重点建设专业、精品课程、实训中心、市级专业标准以及数字化校园等项目,教学管理中设立双师率、双证率、就业率等关键量化指标作为评价考核标准。最后,强化过程控制,聚焦课堂抓质量。教学质量的高低最终要通过课堂来检验,加强对教师课堂的考核力度,帮助其判断问题并督促其修改。

第三,进一步深化校企合作,加强学生的职业精神和职业认同。学校在未来深化校企合作的过程中,要适当转变思路,除了重视学生的技能发展,还要与企业进行商讨,有计划、有目的地加强对学生职业精神和职业认同的培育和引导。充分引起学生对职业的兴趣和认同,让学生通过校企合作,在生产、服务的第一线接受企业管理,在实际生产岗位上接受师傅手把手的教学,不仅能切实体验严格的生产纪律、一丝不苟的技术要求,还能感受到劳动的艰辛、协作的价值和成功的快乐。

### 三、文化引领,不忘初心坚持改革发展

校园文化是学校实施素质教育的强大助推器,是做精做强教育的不可或缺的生产力。实施文化管理,是学校管理理念变革的要求,是学校管理制度创新的呼唤,是学校师生健康工作、学习的内在需要,也是学校可持续发展的必然趋势,更是构建和谐校园的有力保障。未来,学校要制定"围绕市场、依托行业、传承优势、适应变革"的方针,坚持以"慧竹"文化为引领,不忘初心坚持改革发展。

"慧竹"文化中的"竹"作为一种天然的绿色植物,节能环保,具备坚韧挺拔的品质和气节,同时,竹子还有一个"节节高"的寓意,象征着"不畏艰难、勇攀高峰"的精神。"慧"是一方面强调"心境专一、才智出众",另一方面展示了我们进入到工业4.0时代,生活处处智慧化,产业也不断朝着高端智能化和数字化方向发展。所以,"慧竹"文化既是展示了我们学校未来专业结构优化和布局调整的方向,又是期冀学校师生对"环保、绿色"理念以及"不畏困难、敬业乐业"职业精神的追求。

因此，在专业建设方面，学校未来要对接上海城市发展需求与材料、建筑等行业的科技发展趋势，合理优化职业教育专业布局，重点打造中职专业群。近几年，依托建筑建材行业产业链，学校重点发展以建筑与工程材料、机电设备安装与维修、建筑装饰三个重点建设专业为核心，以中高职贯通专业、延伸专业为支撑的材料应用、数字云创和机电三个专业群。未来，学校一方面要传承建筑与工程材料、建筑装饰、机电设备安装与维修三个上海市示范专业、品牌专业优势，突破传统建筑建材行业产业链的局限，主动融入装配式建筑战略推进计划，响应人民实现小康后，迫切对更高品质居家、更安全环保大环境的追求。另一方面要调整重复设置率高、优势不明显的数控专业，做强中美合作飞机发动机维修专业、新设工业机器人专业等。同时，加强专业大类内的课程融通，如根据材料专业发展特征及发展趋势，打造宜居＋健康＋环保"慧生活"特色的职业素养课程。基于"创新、创意、创业"、万物互联互通技术的数媒和电商专业，注重与5G时代的智慧数字互联互通。

在人才培养方面，学校要进一步坚持立德树人，将"慧竹"文化渗透到整个育人过程中去，利用软技能指标体系促进学生智慧成长。"慧竹"文化给予了学校对人才的新认识，即培养"品节材子"——多才艺、有担当、能适应，其实现的路径便是"软技能培养内涵指标体系"。第一，培育学生个人素养，充分挖掘学生天赋和个性化特征，满足学生自由全面发展，培养"多才艺"的中职学生；第二，培育学生社群素养，满足社会发展要求，培养"有担当"的中职学生；第三，培育学生的职业素养，满足学生职业发展需求，培养"能适应"的中职学生。另外，学校还会配套相对应的评价制度和激励机制、评价手册和信息化系统，搭建学生软技能提升培育平台，切实跟踪和提升学生综合素养。

"慧竹"文化是一个品牌，是一次实践，更是一次学校精神凝练。2020年，上海市材料工程学校以"竹"作为文化表征，着力构建"慧引领、慧服务、慧成长"等为主要内容的校园文化品牌，引领学校各个层面的改革与发展，着力创办有温度的职业教育，打造特色鲜明的人文环境和文化氛围，推动学校文化向学校各层面工作和教育教学环节的渗透，为学校稳健发展提供智力支持。

# 参考文献

[1] 艾素平,朱勋春,高再秋.高职院校校园文化建设背景下工匠精神的培育[J].职教论坛,2017(32):45-48.

[2] 曹利民.中职学生安全教育探析[J].学校党建与思想教育,2012(05):91-92.

[3] 曾山金.校风——大学之魂[J].高等教育研究,2005(11):14-19.

[4] 陈艾霞.职业教育课程中引入CBE模式研究[J].职教论坛,2014(11):63-67.

[5] 陈建华.论中小学办学理念的提炼与表达[J].上海师范大学学报(哲学社会科学版),2020,49(04):70-77.

[6] 陈文泉.中职学校培育核心素养的德育实践与探索[J].职业,2020(29):83-84.

[7] 陈锡坚,陈志强.教风学风协同建设的育人实践探索[J].教育评论,2015(12):152-154.

[8] 陈志利,张新平.自下而上:苏霍姆林斯基校长学的思维及贡献[J].基础教育,2012,9(04):52-60.

[9] 程武山.传统文化传承与校园文化建设融合发展[J].中国教育学刊,2018(S1):17-19.

[10] 丛彬彬.高职校园文化与思想政治教育的融合与实践[J].中国职业技术教育,2016(04):84-87.

[11] 戴双翔,林倩,高洁.校长办学思想:为何与何谓?[J].教育导刊,2017(03):42-46.

[12] 范丰慧,黄希庭.中学校风因素结构的探索性分析[J].心理科学,2005(03):533-536.

[13] 冯永刚.学校制度文化育人的价值意蕴及其实现[J].教育科学研究,2018(05):89-92.

[14] 韩标,刘再起,黄学永.高校学生安全教育探索[J].思想教育研究,2013,07(07):86-89.

[15] 和学新,储君.基于学生核心素养发展的校园文化建设[J].教育科学研究,2018(02):54-58.

[16] 贺小莉,郭景扬.名校长角色定位与素质要求[M].上海:学林出版社,2009.

[17] 洪庆根,李世改,马天翼.试论办学理念、办学特色、校风、校训之间的关系[J].高等教育研究学报,2009,32(04):4-6+9.

[18] 黄忠国,李中勤.坚持目标管理与过程管理相结合加强教学质量监控[J].重庆工业管理学院学报,1997(02):25-30.

[19] 姜大源.跨界、整合和重构:职业教育作为类型教育的三大特征——学习《国家职业教育改革实施方案》的体会[J].中国职业技术教育,2019(07):9-12.

[20] 姜小纳.寄宿制中等职业学校学生安全教育研究[D].大连:辽宁师范大学,2011.

[21] 教育部.《国家中长期教育改革和发展规划纲要(2010-2012年)》.(2010-07-29)[2020-12-20].http://www.moe.gov.cn/jyb_xwfb/s6052/moe_838/201008/t20100802_93704.html.

[22] 金文斌.加强教风学风建设提高人才培养质量[J].中国高等教育,2013(11):59-60.

[23] 井文.中等职业学校校园文化建设研究[D].上海:华东师范大学,2020.

[24] 李海燕."科研兴校"中校长角色的案例研究[D].哈尔滨:哈尔滨师范大学,2009.

[25] 李雪梅.论校园精神文化建设与高职学生内涵素养的提升[J].教育与职业,2010(06):32-34.

[26] 李政涛.教育常识[M].上海:华东师范大学出版社,2016.

[27] 廖珈.学生工作管理信息系统设计与实现[D].昆明:云南大学,2012.

[28] 林碧丹.社会主义核心价值观视域下高校青年教师师德建设理路[J].思想教育研究,2015(05):63-66.

[29] 刘述礼,黄延复.梅贻琦教育论著选[M].北京:人民教育出版社,1999.

[30] 刘先春,赵洪良.高校文化立德树人的育人功能研究[J].思想教育研究,2018(12):87-90.

[31] 刘永平.文化建设:学校发展的软实力[J].学校党建与思想教育,2009(12):44-45.

[32] 吕巧芳.教师团队精神培育策略研究[J].教育发展研究,2007(12):76-78.

[33] 苗洪霞,王志华,刘群.高校学风建设影响因素研究[J].教育研究,2016,37(09):51-58.

[34] 潘涌.论"科研兴校"的着力点——校本教学研究[J].教育理论与实践,2003(17):29-32.

[35] 申琳.新时代背景下中职学生自我管理的对策[J].现代职业教育,2020(42):160-161.

[36] 沈剑光.打造核心竞争力是提升职业教育内涵发展的关键[J].教育与职业,2008(06):5-7.

[37] 石中英.穿越教育概念的丛林[M].北京:教育科学出版社,2019.

[38] 史洁,冀伦文,朱先奇.校园文化的内涵及其结构[J].中国高教研究,2005(05):84-85.

[39] 宋晓欣,闫志利,杨帆.中职教育人才培养目标的历史演变与现实定位[J].教育与职业,2015(33):10-13.

[40] 瓦·阿·苏霍姆林斯基.帕夫雷什中学[M].赵玮,等译.北京:教育科学出版社,2005.

[41] 王传亮."五个环境建设"助推学校内涵式发展[J].人民论坛,2017(15):114-115.

[42] 王丽媛.高职教育中培养学生工匠精神的必要性与可行性研究[J].职教论坛,2014(22):66-69.

[43] 王奇.论学校品牌形象塑造[D].北京:首都师范大学,2006.

[44] 吴苇,邹清,涂丽华,曾静.校企合作导向下中职示范校的发展现状与对策研究——以江西省医学类中职学校为例[J].职教论坛,2015(08):93-96.

[45] 夏江峰.学校品牌的塑造[D].上海:华东师范大学,2005.

[46] 项红专.优质教育呼唤办学思想的凝练[J].中国教育学刊,2016(08):36-39+45.

[47] 新华网.习近平:在教育文化卫生体育领域专家代表座谈会上的讲话[EB/OL].[2020-09-22].http://www.xinhuanet.com/politics/leaders/2020-09/22/c_1126527570.htm

[48] 徐国庆.作为现代职业教育体系关键制度的职业教育高考[J].教育研究,2020,41(04):95-106.

[49] 徐礼丰.基于PDCA循环高职院校内部教学质量监控体系的构建[J].中国成人教

育,2015(05):34-36.

[50] 许树梅.初中学生自主管理能力对良好班风学风形成的研究[D].武汉:华中师范大学,2014.

[51] 许宇飞,田单单,罗尧成.高职院校企业兼职教师队伍建设:动因、困境与突破[J].职教通讯,2020(12):58-63.

[52] 杨德广.建设良好教风取决于教师的"三个投入"[J].高校教育管理,2014,8(06):1-5+9.

[53] 杨涛.加强高校学生学风建设的实现路径[J].中国高等教育,2015(Z1):65-67.

[54] 尤建国.高职院校师德师风建设的研究与实践——以南京工业职业技术学院为例[J].学校党建与思想教育,2012(16):85-86.

[55] 余明阳等.品牌学教程[M].上海:复旦大学出版社,2005.

[56] 余绍龙,黄文辉.文明礼仪教育:学校文化建设应有之义[J].中国教育学刊,2012(07):91-92.

[57] 余韵,徐国庆.基础导向:中等职业教育课程改革思路[J].职教论坛,2020,36(09):56-62.

[58] 张爱萍,王诗卉蓉.运用态度改变三阶段理论培养大学生民族团结意识[J].学校党建与思想教育,2015(09):57-58+74.

[59] 张赐光.国中校长转型领导与学校效能关系研究[D].台北:台湾师范大学,2003.

[60] 张红丽,韦冬余.新时代学校文化育人体系建构的内涵、价值与路径[J].教学与管理,2019(33):36-38.

[61] 张金英,冉云芳.增强专业与产业耦合度提升中等职教贡献率——基于杭州市中职学校专业布局调整现状与成效的思考[J].职教论坛,2012(13):75-79.

[62] 张力跃,王苗.中职校长领导力的阅读框架、现实图景与提升路径[J].职业技术教育,2016,37(16):29-35.

[63] 张连生,代东亚.校园网站的学校文化分析——基于某地八所中学的校园网站[J].教学与管理,2015(13):10-12.

[64] 张昭文,胡秀锦,安钢,等.中等职业教育招生制度与教学模式改革:现状与问题[J].中国职业技术教育,2013(03):5-19.

[65] 仲耀黎.高水平教学团队建设与管理研究[J].国家教育行政学院学报,2010(02):35-38.

[66] 周元宽,葛金国.学校管理教育性的回归:制度设计与路径选择[J].中国教育学

刊,2014(05):53—56+65.

[67] 朱振林.高等学校办学定位探析[EB/OL].[2005-04-12].http://news.sina.com.cn/c/2005-04-12/10175627093s.shtml.

[68] 李醒东,付云飞.中小学名校长教育思想的生成与凝练——基于扎根理论的视角[J].教育科学研究,2019(08):27—31+38.

[69] 中华职业教育社编.黄炎培教育文选[M].上海:上海教育出版社,1985.

# 后 记

进入2021年,上海市材料工程学校又站上再出发的更高新起点,按照建设建材行业全国一流优质学校的目标,开始全面实施"十四五"规划、全面建设"A+类"上海中职优质培育学校。回望来路,感慨不已。四十多年来,一代代材料人秉承"厚德强技、励志笃行"的校训和"自尊、理性、超越、和谐"的校风,恪守"正己、爱生、乐教、奉献"的教风,传承"明礼、守纪、勤奋、自强"的学风,立德树人,内涵发展,励精图治,奋发有为,让这方教育沃土绽放出勃勃生机。

因为机缘巧合,我于1990年大学毕业后就来到学校,深耕职业教育31年,见证了学校面貌的日新月异,品牌效应的日渐凸显。百年大计,教育为本,桐梓良材,因材育梦,作为亲历者和参与者,历经多年的实践、研究和探索,紧紧围绕职业教育的本质特征和发展规律,充分结合材料学校的历史沿革和发展定位,提炼出符合学校风格、彰显学校特色的"温润智慧"办学思想。执着于"背水一战坚持努力,成就学校赋能师生"的工作精神,布局谋划夯实基础,奋力突破稳步提升,经历维稳·厚基、提质·培特、强特·亮优三个阶段,坚持"特色+质量"的办学追求,"建文化精神家园,做师生发展的赋能者","助专业转型发展,做教学改革的引领者","推规范运行管理,做教学诊改的先行者",带领学校从国家重点中专到上海市首批中等职业教育改革发展特色示范校,再到排名全市第二的"A+"类上海优质中职培育学校,学校连续实现跨越式发展。

材料学校的发展是上海中职教育经历辉煌、低谷到重整旗鼓的一个缩影。不管是顺境还是逆境,一代代上海职教人砥砺前行、不畏艰难、勇于创新,践行国家职教发展大计。作为其中一员,我感到无比自豪。通过本书,把自己在材料学校的办学实践和体会梳理、呈现出来,既是对本次校长领航班学习成果的汇报,也冀望能为学校的接续发展奠定基础。

本书的出版,首先要感谢上海市教委职教处为我们搭建了首批上海中职校长领航班平台,感谢石伟平、徐国庆、邬宪伟、鲍贤俊四位重量级导师为我们拨云散雾;感谢培训基地华东师范大学职成教所匡瑛教授和徐峰老师的指导和支持。特别感谢我的导师石伟平教授在本书出版过程中的悉心指导和热情鼓励!

如今,职业教育正面临加快发展的大好时机,上海市材料工程学校将以服务国家战略和城市建设为站位,坚持"创新驱动、文化引领、品牌塑造",坚持"规范运行、特色凸显、质量发展"办学方针,谱写新时代职业教育改革发展的新篇章!